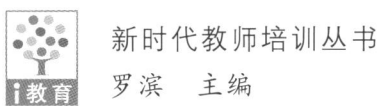

新时代教师培训丛书

罗滨　主编

中小学新任教师培训指南

GUIDEBOOK FOR TRAINING NEW TEACHERS IN
PRIMARY AND SECONDARY SCHOOLS

申军红　等　著

教育科学出版社

·北　京·

丛书编委会

丛书序一

新时代需要建设好两支教师队伍

《中共中央 国务院关于全面深化新时代教师队伍建设改革的意见》（简称《意见》）是新中国成立以来党中央出台的第一个专门面向教师队伍建设的里程碑式政策文件。出台《意见》，是以习近平同志为核心的党中央高瞻远瞩、审时度势，立足新时代做出的重大战略决策，将教育和教师工作提到了前所未有的政治高度。

过去我们只提培养合格的教师，这次《意见》中提出要培养造就高素质、专业化、创新型教师。这是新时代对教师提出的高标准、新要求。当前，中国特色社会主义进入了新时代，开启了全面建设社会主义现代化国家的新征程。面对新方位、新征程、新使命，教师的思想政治素质和师德水平需要提升，专业化水平需要提高。高素质，就是如习近平总书记讲的，要有理想信念、道德情操、扎实学识、仁爱之心。专业化，就是要掌握教育规律和青少年儿童成长发展规律，因材施教，为学生提供适合的教育。创新型，就是要求教师有创新精神，勇于改革，在教育教学改革中创造新的经验，培养创新人才。

培养高素质、专业化、创新型教师，无疑首先是师范院校的任务，但光有高质量的职前教师教育还不够，必须同时加强在职教师的继续教育。师范生不可能一毕业就成为一名成熟的教师，他需要在教育实践中不断反思、不断学习、不断提高。

中国有两支教师队伍，一支队伍是在一线从事教育教学的教师，还有一支队伍是教研机构的教研员。教研员队伍是一支很重要的队伍。新中国成立以后，我们国家学习苏联，在各省成立了教育学院，在各县成立了教师进修学校。目前，全国的教研机构已经有近十万的教研员。教研员大都来自一线，具有很丰富的经验，很多是特级教师，对教育质量的提高起到了非常重要的作用，对帮助教师特别是青年教师的成长起到了非常重要的作用。上海的 PISA（Program for International Student Assessment，国际学生评估项目）测试一直名列前茅。外国人总结其中的成功经验，有一条就是有教研室、有教研员来帮助教师成长。新时期，国家要更加重视教研队伍建设，用相应的政策和机制促进教研员队伍发展；教研员自身也要不断提高水平，适应时代的要求。

中国教育学会成立教师专业发展研究中心是非常必要的。只有不断推进教师专业发展的理论研究和实践探索，探究教师专业发展规律，分享教师专业发展经验，创新教师研修模式，才能为教师专业发展提供方向引领和专业支持，从而为两支教师队伍的建设提供丰富的养料。

海淀区的基础教育在全国处于领先地位，北京市海淀区教师进修学校在教师教育领域也做了很多引领性、示范性的工作。作为中国教育学会教师专业发展研究中心的秘书处单位，北京市海淀区教师进修学校与教育科学出版社合作，牵头组织编写和出版《新时代教师培训丛书》，是非常有长远眼光的基础性工作。

我期待，这套丛书的出版，能够很好地支持到新时代的教师队伍建设，使两支教师队伍都能够发展壮大，把中国的教育质量提升一个台阶，真正迈向教育的现代化！

顾明远

（中国教育学会名誉会长、北京师范大学资深教授）

丛书序二

新时代教师培训：提升教师课程育人能力

百年大计，教育为本。党的十九大报告指出，"建设教育强国是中华民族伟大复兴的基础工程"，这是党中央发出的建设教育强国的动员令，也是新时代社会主义教育事业发展的重要指南。教育大计，教师为本。《中共中央 国务院关于全面深化新时代教师队伍建设改革的意见》强调："造就党和人民满意的高素质专业化创新型教师队伍。开展中小学教师全员培训，促进教师终身学习和专业发展。建立健全地方教师发展机构和专业培训者队伍。"这是新中国成立以来党中央出台的第一个专门面向教师队伍建设的里程碑式政策文件。

教师的地位，是一个国家文明的标志之一。新时代，教师质量关乎国家战略。国家宏伟目标的实现，关键在人才，基础在教育，根本就在教师。面向未来，社会经济的高速发展、科学技术的迭代进步，都对基础教育提出了巨大的挑战。在基础教育领域，对教师素养有了新的要求，教师的职后发展，有了新的定位。

面向学生的未来，提高育人质量，教师发展就要从研究"课堂教学"转向研究"教育教学全要素"。2018年1月颁布的《普通高中课程方案（2017年版）》和普通高中各学科课程标准（2017年版），凝练了学科核心素养，优化了学科教学内容，补充了学业质量要求，增强了教—学—评的一致性指导。那么，学校课程供给如何转型升级？学生学习方式如何丰富多样？学生学业水平如何测试评价？学生学习环境如何满足需求？教师学科教学如何顺应改革？教研如何为新时代教师服务？这些问题就成为教师专业发展的主要问题。

教师素养要从提升"教学技能"转向提升"课程育人的能力"。课堂是教师成长的主要场所，是育人的主阵地。培养学生的核心素养，就是培育学生适应终身发展和社会发展需要的正确价值观念、必备品格和关键能力。课程育人能力是一种实践性很强的学术能力，是教师在教学实践中表现出来的素质，是促进学生学科核心素养发展的学术能力。教师的教学具有现场性、独特性、不确定性、主观性等特征，教师的工作场所个性化，是具有创造性的工作。教师要通过学习和研究，在课堂教学实践中不断改进教学，以此来获得课程育人能力的提升，这是解决问题的能力，是带得走的能力。

新时期，教育领域的深化综合改革，为区域教研带来新要求、新挑战，这就需要教研员这支专业队伍站出来，通过教研创新、教研转型来做好专业服务。教研员就是国家课程方案和课标的解读者、细化者、执行者，是学校和教师工作的问题发现者、指导者、解决者，是学校和教师实践经验的发现者、总结者、推广者。他们是教师群体中的"关键少数"。

要通过研修转型提升教师的课程育人能力。在教学理念上，从"学科教学"转向"课程育人"；在教学目标上，从"知识获得"转向"素养发展";在教学内容上,从"教师的教"转向"学生的学";在教学方式上,从"认真倾听"转向"深度互动";在教学改进上,从"基于经验"转向"基于证据"。

教师研修要以满足需求、引领需求和创造需求为目标,凸显现场性、生成性、体验性和研究性,是教研员和教师团队学习、研究、实践、改进等解决问题的过程,帮助教师在基于实践的体验感悟中建构起新的学科课程育人的理解,找到新的策略,实现专业发展。这也是教研员与教师共同实现专业成长的过程。

本丛书立足海淀区教师队伍建设的鲜活经验和理论探索,并对全国教研和教师培训同行的智力成果保持开放,努力呈现新时代中国教师专业发展和教师培训的最新理论成果与实践经验。丛书由北京市海淀区教师进修学校组织编写,与教育科学出版社合作出版。

北京市海淀区教师进修学校作为海淀区的课程指导中心、教学研究中心、质量评价中心、资源建设中心和教师发展中心,服务教育行政决策,助力一线学校课程供给的转型升级,支持学生学习方式的转变和丰富,帮助教师基于评价改进教学,实现教育资源的共建共享,构建研修课程体系,引领不同发展阶段教师的专业需求,是保障海淀基础教育质量不可或缺的专业机构。

中国教育学会教师专业发展研究中心(简称"中心")秘书处设立在北京市海淀区教师进修学校。中心顺应时代发展、教育改革对教师素养提出的新要求，采用公益性、学术性、协作性的组织形态，凝聚专家和一线研修机构、学校力量，研究教师专业发展的基本规律，构建教师专业发展课程，创新教师研修模式，探索教师教育资源建设机制，致力于解决教师专业发展面临的重点问题和难点问题，为全国教师专业发展提供方向引领和专业支持，是全国教师专业发展的研究平台、交流平台、成果推广平台和服务平台。中心自 2017 年 1 月成立以来，成功举办了两届全国教师专业发展学术会议、两届教师专业发展专家研讨会，还举办了系列核心素养与学科教育论坛，深入研讨、分享交流教师专业发展领域的新观点、新实践、新成果、新预见，充分发挥了中心对于全国教师专业发展的引领和辐射作用。

本丛书拟分为三个子系列：一是教师专业发展的理论、政策类，如《教师研修：国际视野下的本土实践（第 2 版）》和基于全国教师专业发展学术会议的研究成果集等；二是教师培训的策略、方法与工具、技能类，如《教师培训师专业修炼（第 2 版）》和培训需求调研、培训课程设计、培训成效评估等主题的图书；三是针对特定教师群体的理论与实践相结合的教师培训研究成果类，如《中小学新任教师培训指南》和中小学骨干教师培训、工作坊坊主研修等方面的图书。

我们衷心地希望，教师教育领域的同行能为丛书献计献策，并将自己的研究与实践成果通过丛书得以传播。我们期待，丛书对于增进大家的深度交流、合作，交流、分享教师专业发展的成功经验和实践研究成果，促进全国各地教师的专业发展，发挥重要的作用；期待通过多方基于实践的研究、累积，逐步形成中国特色的学术概念和分析框架，推动中国教师教育研究的范式转型，为国际贡献中国教师教育的知识与经验。

新时代，教师教育面临新挑战，担负新使命，相信在我们大家的共同努力下，必将会有新突破、新发展！

罗　滨

（中国教育学会教师专业发展研究中心主任、

北京市海淀区教师进修学校校长）

中小学新任教师培训的专业化探索

申军红副校长将其及其团队所合著的《中小学新任教师培训指南》一书发给我，希望我写个序。因为都是教师培训战线的同行和朋友，我把这项任务当作是个难得的学习机会。拜读之后，收获很多，启发很大。权把读后感当序吧。

第一点，也是我最大的感受是专业化。正如书中所言，专业化是教师培训领域大家的追求，也是发展的趋势。其特征之一，就是要有相应的理论知识和技能方法，而不是停留在经验水平。全书三个主要章节，都用模型统率。在需求分析一章，构建了行动导向的需求分析模型，包括理想行为建构阶段—行为差距分析阶段—培训需求定位阶段。在培训课程设计与实施一章，构建了课程六要素模型，这就是需求、主题、内容、任务、团队、学员，前三者是设计的要素，后三者是实施的要素。在效果评估一章，则采用了柯式模型，即反应、学习、行为、结果四层面评价。这些模型，既有理论基础，又具实践操作性，脉络清晰，具体可行。本书的专业性、理论性、学术性比较突出，体现了海淀区在新任教师培训方面的专业化探索成果。

第二点，是实践性。理论的阐述有时是比较容易的，无论是借鉴他人的理论，还是自己构建一个理论框架，靠的是理论知识和逻辑思辨。理论是灰色的，实践之树常青。实践是困难的，所谓知易行难。一是难在要花费大量的时间精力，这是笨功夫；二是难在因素的复杂性和过程的曲折性，实践过程中有各种因素的影响和制约甚至干扰，有时并不像想象的、假设的那么简单。在这本书中，作者及其团队将模型运用了多遍。诸如需求分析模型，在理想行为建构环节涉及大量的维度、项目，如何整合分析，并不容易；在行为差距分析环节，还要运用问卷、访谈、观察等多种方法去分析。其他模型均是如此。"纸上得来终觉浅，绝知此事要躬行。"实践后获得的知识是真知。书中每个部分都运用大量实践案例说明，最后还用一章列出许多案例，使得读者阅读时能够真切地感受到理论的含义、实践的魅力。可以说，这本书是实践的总结。实践验证、内容丰富、有血有肉的书总是好的著作。

第三点，是先进性。本书反映了海淀教师进修学校在区域新任教师培训方面的实践经验和理论研究。海淀教师进修学校在教师研修领域进行了大胆的改革探索，无论是机构设置、标准建设、队伍建设，还是项目运作、科研推动、资源开发、学术交流等方面，都积累了大量宝贵经验。同样，在新任教师培训方面，海淀也走在了领先的位置。这得益于海淀的区位优势、资源优势、教育优势，更是源自海淀教师进修学校的领导和老师们的专业进取精神。这些台前的成果和幕后的文化，都是值得学习借鉴的。

新任教师的确关键，良好的开头意味着成功了一半，新任教师在职业生涯的开始阶段，开好头、起好步，会让他们增强职业认同、自我认同，会增强做好教育的信心与热情，也会惠及学生的健康成长。然而，目前新任教师来源复杂、情况多样，时代要求不断提高，社会需求更加多元，实际情况不尽理想，如何有效帮助新任教师成长，胜任教育教学，做好学生成长的引路人，是个探索无止境的课题。国内外职前教师培养的许多经验都值得借鉴，北京市在新教师培训方面也在不断探索，努力使新教师视野更宽、站位更高、技能更实。期待大家共同探索、相互启发、不断完善，为新教师的顺利成长做出新贡献！

钟祖荣

（北京教育学院副院长、教授、国家督学）

引　言

　　本书主要阐述了海淀区"十二五"以来，在新任教师培训理论研究与实践探索方面积累的经验和成果。书中介绍了教师培训领域经典理论或模型，展示了海淀区近几年来课题研究的成果，尤其是"行为导向的教师培训需求分析模型"和"培训课程设计与实施六要素模型"，体现了本书的学术价值和理论意义。同时，本书也提供了丰富的来自培训实践的应用研究成果的案例，这些实践经验和案例为教师培训者提供了具体指导，也为理论工作者提供了一定的实证材料和数据支持。

　　本书是一本实践指向的指南类书籍，书籍章节的设置、内容的组织以及排版的设计都力图彰显它的实用价值。每一章都不是简单的思辨性叙述，而是在理论概述的基础上强调理论的本土化建构和应用。尤其是第五章，都是来自海淀区的实践案例，对于培训者如何设计、实施、评价教师培训课程具有现实的借鉴意义。

　　第一章主要探讨对新任教师培训的认识，并详细介绍近年来教师培训的范式转变以及新任教师培训的价值和意义。

　　第二章首先基于文献从理论角度概述教师培训需求分析，然后重点介绍海淀区所研发的"行为导向的教师培训需求分析模型"，最后采用海淀区的实践案例，介绍如何应用此模型做好教师培训需求分析，案例分为"新任教师群体特征调研"和两个学科"新任教师培训需求分析"案例。

第三章的内容为培训课程设计与实施，首先是对培训课程设计及实施进行理论概述，然后介绍海淀区开发的"培训课程设计与实施六要素模型"。最后介绍海淀区如何基于这一模型建构"新任教师培训课程体系"以及部分新任教师培训课程设计与实施的具体案例。

第四章介绍培训效果评估与促进学以致用。首先是培训效果评估的理论概述，主要介绍"柯氏模型"等经典评估模型。然后介绍海淀区在新任教师培训中对柯氏模型的创造性实践与应用，最后介绍海淀区促进学以致用的机制与策略。

第五章为本书的重点章节，主要介绍新任教师不同学科的培训案例，既有完整的培训方案介绍，也有具有不同特点的培训案例分析，案例介绍包括培训调研、培训课程设计、培训课程实施和培训课程评估等几个维度。

本书的编排秉承实用价值取向，注重与读者的交互性，体现读者友好的风格，书中的以下几种编排方式值得各位读者注意：

第一，在每一章开头设置本章关键问题，在结尾设置我们的思考或你的思考。本章关键问题一般为 3—4 个小问题，问题聚焦所属章节所要阐明的内容，即告诉读者在本章会讨论哪些问题。结尾处我们的思考或你的思考则是对开头关键问题的回应或引发读者读后做更深层次的思考和研究。

第二，在正文部分的旁侧设置文本框，文本框是对正文中主要内容的凝练、概括，也是作者提醒读者需要特别注意的章节核心观点。

第三，在正文中穿插设置资料链接、工具链接。文中有些内容需要通过呈现相关资料或研究工具作为支撑材料，以增强可读性。资料链接或工具链接可以通过扫描二维码获得。

第一章
对新任教师培训的认识

本章关键问题

1. 教师培训正在走向何方？

2. 教师培训范式有哪些转变？

3. 新任教师培训为何如此重要？

4. 什么是高质量的新任教师培训？

习近平总书记在党的十九大报告中指出："建设教育强国是中华民族伟大复兴的基础工程，必须把教育事业放在优先位置，深化教育改革，加快教育现代化，办好人民满意的教育。"而建设教育强国，基础在教师。十九大报告还指出，要"加强师德师风建设，培养高素质教师队伍，倡导全社会尊师重教"，为未来教师队伍建设指明了方向。教师队伍建设，关键在教师培训。2011 年颁布的《教育部关于大力加强中小学教师培训工作的意见》明确提出："教师培训是加强教师队伍建设的重要环节，是推进素质教育，促进教育公平，提高教育质量的重要保证。"2018 年颁布的《中共中央 国务院关于全面深化新时代教师队伍建设改革的意见》进一步描绘了教师培训为教师队伍建设带来的美好愿景：通过教师培训，全面提升教师素质能力，"形成优秀人才争相从教、教师人人尽展其才、好教师不断涌现的良好局面"。由此可见，教师培训，是教师专业成长的助推器，是教师队伍建设的重中之重，是教育事业发展的力量之源。

一、教师培训的发展历程

纵观改革开放以来我国中小学教师培训的发展历程，按照培训目的和规范化程度，可以大体分为补偿性培训、探索性培训、普及化培训、专业化培训四个发展阶段。

（一）补偿性培训阶段

党的十一届三中全会以后，我国教育事业进入新的发展时期，中小学教师培训受到重视。当时，中小学教师队伍中，新任教师多，民办教师多，教师学历未达到国家规定标准的多，这对提高教育质量是非常不利的。因此，国家提出按照"教什么，学什么""缺什么，补什么"的原则对中小学教师进行培训。

1980年8月，《教育部关于进一步加强中小学在职教师培训工作的意见》明确提出"从实际出发，把长远的文化、专业知识的系统学习和搞好当前教学工作的教材教法学习结合起来"，组织教师过好教材教法关。因此，在1983年之前，我国中小学教师的补偿性培训主要是以教材教法过关为重点。

1983年1月，教育部为响应党中央"大力普及基础教育"的号召，颁布了《关于加强小学在职教师进修工作的意见》，提出用3至5年时间，使绝大多数小学教师的文化水平达到中师毕业程度，并完全胜任教学工作。因此，从1983年开始，我国中小学教师的补偿性培训开始转向以学历达标为重点，教师学历水平得到大幅提升。

（二）探索性培训阶段

20世纪90年代初，教师队伍长期处于供不应求的状态。教师培训在继续满足学历教育的同时，开始转向新的方向。当时的国家教委于1990年10月23—26日在四川省自贡市召开了"全国中小学教师继续教育工作座谈会"，并于会后下发了《全国中小学教师继续教育工作座谈会会议纪要》，指出要将我国中小学教师培训的重点有步骤地转移到开展继续教育上来。自此，教师培训工作进入第二阶段。

1998年5月，教育部颁布了《关于加强中小学教师继续教育区域性实验工作的几点意见》。为了响应教育部在19个省（市、自治区）和3个计划单列市进行中小学教师继续教育实验的决定，建立中小学教师继续教育制度，探索新形势下的教师培训模式，有关部门组织编写了《中小学教师继续教育课程开发指南》。该指南着眼于教师专业素质的提高，包括理论知识水平和教育教学能力的提高，符合新形势下继续教育和中小学教师培训的要求，较好地指导了培训内容规划和教材建设。

（三）普及化培训阶段

20 世纪 90 年代末，教师队伍从总量上基本达到平衡。为了迎接 21 世纪的到来，落实科教兴国的战略，全面推进教育改革，国务院于 1999 年 1 月批转了教育部制定的《面向 21 世纪教育振兴行动计划》，其中适时地设计了"跨世纪园丁工程"。为保证"跨世纪园丁工程"的顺利实施，教育部于 1999 年 6 月在上海召开了"全国中小学教师继续教育和校长培训工作会议"，决定在全国范围内启动作为"跨世纪园丁工程"重要内容的"中小学教师继续教育工程"，明确提出了 5 年内对约 1000 万名中小学教师基本轮训一遍，提高教师队伍的整体素质，基本适应实施素质教育的需要，使继续教育逐步由部分地区扩展到全国各地，由部分教师扩展到全员培训。会后，教育部又颁布了《中小学教师继续教育规定》，自此终于形成了我国中小学教师继续教育的专项法规，我国中小学教师继续教育也进入了全面展开阶段。

这一阶段可以说是我国中小学教师培训政策和培训实践两个方面发展最快的一个阶段。制定和全面启动了面向 21 世纪的"中小学教师继续教育工程"，颁布了我国第一个专门的中小学教师继续教育的政策法规，标志着我国中小学教师继续教育走上了法制化、制度化的轨道。

（四）专业化培训阶段

2006 年以来，教师培训进入了专业化发展阶段。时任教育部师范司司长的管培俊在首届中国教师培训论坛上谈到了教师培训专业化与终身化的根本理念，教师培训专业化逐渐受到重视；2009 年"国培计划"启动之后，这一术语更是频繁出现。2011 年教育部颁布的《关于大力加强中小学教师培训工作的意见》对新时期中小学教师培训工作进行了总体部署，紧扣培养造就高素质专业化教师队伍的战略目标，以提高教师师德素养和业务水平为核心，以提升培训质量为主线，以农村教师为重点，开展中小学教师全员培训，努力构建开放、灵活的教师终身学习体系。2016 年教育部颁布的《关于大力推行中小学教师培训学分管理的指导意见》就进一步完善五年一周期的教师全员培训制度提出了指导意见。

随着国家对教师培训的投入不断加大，人们也对教师培训寄予了更高的期待，而专业化也就成为教师培训工作者们回应社会期待的努力方向。我们在认识到教学是专业，教师是专业人员的时候，更需要认识到教师培训是专业工作。[①] 当前，教师培训专业化问题已经成为教师教育理论和教师教育实践面临的重要问题。[②] 通过将"专业"一词的内涵与教师培训领域相结合，我们可以这样理解教师培训专业化：教师培训专业化是指在教师培训专业智识、专业知识、专业能力、专业资格、专业组织、具有专业伦理的专业从业者构成的实践活动过程。[③] 对其进行分解和剖析，我们可以归纳出教师培训专业化的四个特征：第一，从社会功能来看，教师培训对教育改革和发展发挥着先导性、保障性和持续性的作用，在推动社会发展中不可或缺。第二，从专业组织来看，教师培训任务由权威性专业机构承担，综合大学、师范院校、教师进修机构和中小学校等构成合作、开放的教师培训机构体系。第三，从专业知识和专业技能来看，完善的教师培训的专业理论和成熟的专业技能正在逐渐形成，并且被从业人员所掌握。第四，从专业精神和专业理想来看，教师培训是在教师教育与现代人力资源开发与管理两大职业领域的交叉地带兴起的一项朝阳行业，潜存着丰富的人力资源宝藏。[④]

> 教师培训专业化，需要从社会功能、专业组织、专业知识和专业技能、专业精神和专业理想四个维度来理解。

---

① 赵明仁，周钧．教师培训的理念更新与制度保障：首届"中国教师培训论坛"综述 [J]．教师教育研究，2007（3）：37-40.

② 王冬凌．科学与人文：区域教师培训项目设计的价值取向 兼论教师培训机构专业化的路径 [J]．大连教育学院学报，2010（4）：16-19.

③ 朱旭东，宋萑．论教师培训的核心要素 [J]．教师教育研究，2013（3）：1-8.

④ 余新．教师培训的本质、功能和专业化走向 [J]．教育科学研究，2010（12）：41-44.

二、教师培训的范式转变

既然教师培训专业化已经成为不可逆转的趋势，各级教师培训机构就有责任和义务为教师提供高质量、专业化的培训课程。然而现实并不尽如人意，很多培训因为针对性差而广受诟病，培训非但不能为教师成长提供支持，反倒成了他们的负担。北京师范大学教育学院曾在北京、河南、宁夏三个省、市、自治区进行了中小学教师状况调查，其中专门设计了有关教师培训的若干题目，结果表明：52%的教师对现在的培训满意度认为一般，24%的教师对现在的培训表示不满意。给出负面或中间评价的人的比例高达76%，这值得所有的教师培训机构反思：我们的培训到底存在什么问题？如何改变我们的培训？

（一）从"补偿式"走向"精准化"

近年来，随着教师队伍年龄结构、学历层次和师资来源发生变化，原有以学历提升为重点的补偿式培训已经不能满足新时代对教师素质的要求。

补偿式培训，顾名思义就是补齐短板，其聚焦点是教师队伍存在的学历、知识、技能方面的不足。作为教师培训发展的一个阶段，补偿式培训曾经发挥了重要作用，大幅提高了我国教师队伍的学历水平，它也造成了一种"缺什么，补什么"的惯性思维，直到现在，部分地区还是在以补偿式的思维开展培训工作。剖析补偿式培训的背后逻辑，可以发现它存在着很大的缺陷。首先，缺乏前瞻性。补偿式培训是在发现问题后的一种补救措施，它始终以追赶者的姿态，被动地解决现实问题，预见性不够。其次，缺乏实用性。一直以来，不管是学历水平的补偿，还是知识技能的补偿，其培训内容与教学实践存在脱节，不能迅速解决教师亟待解决的问题。最后，缺乏个性化。补偿式培训面向教师群体，是对教师队伍整体需求的一种判断和回应，至于不同地区、不同阶段、不同学科教师的特殊需求，很难被照顾到。

当前教师队伍呈现出学历水平高、中青年教师多、自我期待高等特点，这对教师培训工作提出了新的要求。因此，改变补偿式培训的思维，实现精准化培训，是当前教师培训的一个重要走向。精准培训，强调一个"精"字，关键在一个"准"字——对教师队伍整体需求和个性化需求把握准，培训课程设计和安排定位准，培训师资和培训方式选择准，培训效果评价准。

（二）从"命令式"走向"自主化"

教师培训本应该是专业自主的事情，但是由于多方面原因，现在很多的培训都带有行政命令的色彩，成了所谓的"命令式"培训。由此，为了应付各类培训，也出现了"培训专业户"，只要有培训，就得顶上去，这是对培训资源的极大浪费。

"命令式"培训之所以不受欢迎，就在于它忽视了教师的主体性，从课程设计到培训过程，参训教师都处于被动的地位，本应服务于教师的培训成了走过场，长此以往，教师培训非但不能帮助教师提高教育教学能力，反倒让很多教师对培训反感，不愿参加任何培训。

通过梳理近几年的教师培训政策可以发现，以人为本正在成为教师培训的价值导向。所谓以人为本，就是要充分尊重教师的主体地位。我们必须既重视作为接受继续教育的教师们的"学生"主体，同时也要慎重地保护和激励"教师"主体。[1] 第一，从学习方式来讲，成人与儿童存在着明显的差别，绝不能完全套用儿童教育的方式方法来培训教师[2]，因此有必要研究作为成人的教师的学习特点，并根据这些特点选择培训模式。第二，从发展阶段来讲，各个阶段的教师群体存在共性的特征，面对相似的问题，他们的发展是有规律可循的，因此必须调查教师群体的发展特点，在把握整体规律的基础

---

[1] 杨启亮．在职教师继续教育的价值取向 [J]. 教育研究，2000（4）：24-28.

[2] 方升初．"以人为本"理念下的教师培训专业化 [J]. 福建基础教育研究，2010（10）：27-28.

上设计培训的目标和内容。第三，从背景因素来看，不同地区、不同学校、不同阶段、不同学科、不同个体的教师面临的问题都不相同，因此需要针对教师们迫切需要解决的问题进行研究，在调查参训教师实际需求的基础上规划培训课程。

教师是主体，有充实的内在价值需求，教师培训必须充分满足这种需求，根据教师所需设计培训课程，使每个教师的潜能得到最大限度的发挥。教师培训的自主化，就是要始终把教师放在"正中央"，不断提升教师的实际获得感。

（三）从"单一式"走向"多元化"

教师培训需求的多样性，需要我们改变传统的"单一式"培训，实现教师培训的"多元化"。培训的"单一"，一方面是培训内容的纯理论化，另一方面就是培训形式的纯讲授式。

首先，从培训内容来讲，以理论知识为主，内容更新不及时，不能满足教师的实际需求。当前的培训过于强调理论知识学习，教师培训的内容与教师职前培养的内容往往差别不大，无法解决教师所遇到的实际问题。很多教师培训的内容是根据培训机构以往的课程制定的，有些地区的培训内容几乎年年相似，知识更新很慢，这不仅不能很好地将最新的教育理念和教育方法传递给参训教师，长此以往，还会打击他们日后参加培训活动的积极性。

其次，从培训方式来讲，以专家讲授为主，形式单一，忽视教师的主观能动性。培训仍然采用以往惯用的人海战术，以上大课、听讲授为主，采用满堂灌、整体推进的教育教学方法，这完全忽视了教师的学习特点。有人戏谑地评价这样的培训课堂："培训者用最枯燥无味的语言告诉中小学教师怎样在课堂上避免讲课枯燥无味；培训者用最不重视参与者主体地位的方法告诉中小学教师要重视学生的主体地位；从未有过中小学教育教学经验的人在告诉中小学教师怎样做好教师。"虽然有些培训机构也开展了一些其他形式的培训，但多数流于表面，实效性不强，在信息化背景下，未充分利用现代教育技术和网络资源，工学矛盾异常突出。单调的培训方式挫伤了教师的学习积极性，导致他们对培训失去兴趣，学不到真正有用的知识和技能，使培训失去意义。

这两方面的问题归结为一点，就是教师培训的单一性。回应教师发展需求的多样化，教师培训需要在培训内容和培训形式上实现多元化。一方面，突出实践导向，加大实践性课程的比重，加强理论和实践的联系，同时丰富培训内容，增加有关职业规划、综合素养方面的内容。另一方面，丰富培训形式，采取课题研究、工作坊、网络研修等方式，激发教师的自主学习。

三、新任教师培训的意义

（一）入职初期是教师专业发展的关键环节

新任教师，又被称为初任教师，一般是指完成了教师职业的职前培养与训练，经过短期实习，通过了专业评定或获得教师资格证书，被某学区或学校所聘用，处于试用阶段的教师。从时间维度上来讲，我们通常把从事教育教学工作 1 年以内的教师都称作新任教师。新任教师阶段是教师专业生涯的起点，是教师专业发展的关键阶段。

> 新任教师阶段是教师专业生涯的起点，是教师专业发展的关键阶段。

1.新任教师阶段的发展情况直接决定了新任教师的去留

入职初期，由于缺少教学实践经验，新任教师常常无法很好地适应学校教育教学工作，在教学技能、课堂管理、师生关系处理等方面存在很多问题。富勒（Fuller）将这一阶段称为生存关注阶段。在这一阶段，教师关注的是自己能否在这个新环境中生存下来，他们会表现出明显的焦虑与紧张，所以这一阶段中教师的压力是相当大的。[①] 我们来听听两位新任教师入职初期的切身感受。

教师1：重复又繁忙的教学生活让身为新教师的我一时间难以适应，一味地备课、上课，无暇他顾，让我原本认为新鲜光彩的教学失去了应有的新意和情趣。虽然我一门心思地思考如何上好一堂课，但仍感到有些摸不着头脑。

教师2：从大学校园跨入中学校园，从一个学生转变为一个教师，时间已经悄然走过一年。初涉教育领域，如何做好教学工作，如何与学生沟通，如何管理一个班级，如何做一名学生喜欢、家长满意、学校认可的教师……都是我思考的问题。初为人师，我像一只"无头苍蝇"，不知该从何做起。

在此时期，教师会发现他们所预想的成功与教学实际状况之间存在着差距，因此会感觉自己不能胜任，或者感到对教师这一角色尚未准备好，从而在内心产生动摇。如果此时无法从外部得到有效的帮助，新任教师很有可能放弃教师职业。据统计，有30%—50%的教师会在5年内离开教师队伍，新教师的流失率为老教师的5倍之多。他们之所以会弃教改行，最主要的原因就在于入职初期他们感到难以适应和胜任。[②] 因此，新任教师是否顺利实现由学生到合格教师的角色转变，直接影响他们的职业倾向和职业持久性[③]，进而影响整个教师队伍的稳定。

2. 新任教师阶段的发展情况还决定了他们未来成为什么样的教师

美国教育学者布什（Bush）认为，一个教师入职初期的教学实践对他今

① FULLER.Concerns of teachers: A developmental conceptualization.American Educational Journal Research, 1969, 6（2）: 207-226.

② 许明，黄雪娜. 从入职培训看美国新教师的专业成长 [J]. 教育科学，2002（1）: 51-55.

③ 任学印. 教师入职教育理论与实践比较研究 [D]. 长春：东北师范大学，2004: 30.

后能够成就的效能水平有重要影响，对影响他以后 40 多年的教学生涯的专业态度有重要影响。[1] 纵观众多名师的经历，入职初期的发展都对他们的成长产生了重要影响，特别是教学师傅的引领、教研组的帮助和学校的支持，都为他们的长足发展打下了坚实的基础。进入教师职业的最初几年，是新任教师打基础的关键时期，教师职业的基本素养和教学专长往往是在这个时期发展起来的，只有安全稳步度过这一时期，才能为后续的发展奠定良好的基础，提供源源不断的发展动力。所以，新任教师的专业态度和发展模式会对他今后的成长产生决定性影响。

（二）入职培训是新任教师成长的有力支持

既然新任教师阶段如此重要，我们就需要提供强有力的支持，帮助新任教师顺利度过这一关键期。1996 年，联合国教科文组织在《加强教师在多变世界中的作用之教育》中就指出，应该对刚开始从事教师职业的教师给予特别的关注，因为他们的最初职位及他们将要进行的工作，对其以后的职业具有决定性的影响。[2] 新任教师在入职初期面临很多问题。美国学者维曼（Veeman）曾对新任教师遇到的问题进行研究，并列出了新任教师最常遇到的十种问题：维持课堂纪律；调动和保持学生的学习动机；依据学生的个性实施个性化教学；对学生进行正确、公正的评价；与家长互动；处理学生的个人问题；进行日常的组织工作；处理大量繁重的教学任务和相对较少的准备时间之间的矛盾；处理同事间的人际关系；为更好地上课获得充足的资料。[3] 麦克唐纳（McDonald）将新任教师的问题界定为：管理班

> 入职培训是新任教师学习教学的导入阶段，也是引导新任教师进入专业角色、内化职业规范的过程，是帮助新任教师快速走上专业发展道路的有效途径。

---

① 许明，黄雪娜．从入职培训看美国新教师的专业成长 [J]．教育科学，2002（1）：51-55.

② 联合国教科文组织．全球教育发展的历史轨迹：国际教育大会 60 年建议书 [M]．赵中建，译．北京：教育科学出版社，1999：530.

③ RIDEOUT.Theimplementation and evaluation of abeginning teacher induction program[D]. EastTexas State University, 1990.

级的技巧；实施教学计划与课程计划的能力；整合各种教学方法及技巧，形成自己的教学风格与策略。① 赵昌木也依据调查统计了新任教师最常遇到的问题：教材不熟，重点、难点把握不准；教法不灵活，难以调动学生的学习积极性；教学管理能力差，难以维持课堂纪律；不能与学生进行有效的交流、沟通；不了解学生的需求；对学生提出的问题难以解答；不能妥善处理课堂偶发事件；教学材料匮乏；难以处理与同事的关系等。②

新任教师遇到的这些问题多聚焦于教育教学能力的范畴，而这种技能是可以通过学习获得并通过实践掌握的，培训正是解决这些问题最直接的方式。入职培训是新任教师学习教学的导入阶段，也是引导新任教师进入专业角色、内化职业规范的过程③，是帮助新任教师快速走上专业发展道路的有效途径。

1. 新任教师培训帮助新任教师获得职业认同

所谓教师职业认同，指的是教师内心对所从事职业的价值与意义的认定，并能够从中体验到乐趣与幸福。职业认同，既指一种过程，也指一种状态。"过程"是说教师从自己的经历中逐渐发展、确认自己的教师角色的过程。"状态"是说教师当前对自己所从事的教师职业的认同程度。④ 教师职业认同存在心理层次上的差距，这个心理层次由低到高依次表现为：对作为个体人的认同和了解，对作为一种行业的教师职业的认同和了解，以及对教师角色的认同和了解。这三个层次反映了教师对个体人、教师职业以及教师角色的基本态度。⑤

入职培训能够让新任教师了解教师职业特点，提高思想政治素质，形成

---

① 姚红玉 . 新教师专业发展的趋势与策略 [J]. 教师教育研究，2005（6）：20-23，54.

② 赵昌木 . 教师成长论 [M]. 兰州：甘肃教育出版社，2004：107.

③ 许明，黄雪娜 . 从入职培训看美国新教师的专业成长 [J]. 教育科学，2002（1）：51-55.

④ 孙钰华 . 教师职业认同对教师幸福感的影响 [J]. 宁波大学学报（教育科学版），2008（5）：70-73.

⑤ 郗海霞 . 教师自我认同心理探析 [J]. 湖南教育，2003（14）：18-20.

良好的职业认同和师德修养；与同龄教师参加培训，能够让新任教师找到归属感，实际上是构建了学习共同体，这样的合作学习关系会一直延续到教师今后的职业生涯中，对教师的专业成长有重要的情感支持作用。具体来说，它有以下三点作用。

第一，在新任教师培训中，通过提升专业意识，引导新任教师确立自身的职业角色。实际上，很多新任教师在选择专业的时候对师范专业缺乏理性认识，对专业的认识甚至停留在日常观感层面。例如，有的教师认为师范专业毕业后就是教孩子加减乘除；有的则认为中小学教师是女孩子的职业等。这些误解大多源自社会对于中小学教师的偏见，对教师职业的发展产生了消极的影响。有研究表明，对教师角色的正确认识影响教师职业认同感的形成，岗前培训能够让新任教师对师范专业和教师职业有更专业、更深刻的认识，引导其尽早确立自身的职业角色。

第二，在新任教师培训中，通过增强职业情感，帮助新任教师树立良好的职业价值观和职业信念。很显然，形成教师职业价值观和职业信念，并非仅靠新任教师在校学习期间的各类课程就能完成和实现的，榜样的影响力至关重要。在新任教师岗前培训过程中，首先，培训方会通过大量的优秀教师典型事迹的宣传，增强新任教师的光荣感和尊严感。其次，参训教师间的深度交流与分享，能够潜移默化地帮助教师确立起职业认同感。最后，培训方还会利用学校资源，邀请成熟教师通过讲座、座谈等方式与新任教师交流，以身边榜样的作用促进他们职业认同感的形成。

第三，通过新任教师培训，可以加强新任教师之间的联系，进而形成专业共同体，促进新任教师认同感的持续强化。在培训过程中，培训组织者和培训专家会邀请新任教师进行小组活动，这也为新任教师之间相互了解、相互学习提供了机会和平台。新任教师通过长期的接触和了解，会形成交流的"小圈子"——不仅讨论岗前培训的内容和感想，还会在今后从事教师职业的过程中，继续相互交流、相互学习，共同提高和进步，这实际上就是构建了学习共同体。学习共同体的形成将有利于进一步增强新任教师的进取精神，强化他们的职业自豪感、认同感和归属感。

下面几位新任教师参加完培训后的体会就印证了这些内容。

教师 1：我将以前辈们为榜样，恪守教师职业道德，刻苦钻研，不断积累、丰富自己，让自己成为学生学习的引导者、促进者，使自己真正变成摇动另一棵树的树，推动另一朵云的云，唤醒另一个灵魂的灵魂，成为一个优秀的老师。

教师 2：通过培训，我结识了一些志同道合的朋友，我们互相交流思想，共同探讨教育教学方法。来自不同学校的老师让这段旅途显得那么与众不同。虽然培训结束了，但我们的友谊长存。

教师 3：在整个培训活动中，我结识了不少好朋友，他们中的大多数都是和我一样第一年参加工作的，都有着高涨的工作热情。在和他们交往的过程中，我感觉到在这个有活力的集体里大家有很多交流的共同话题，希望通过这次活动，我们能友谊长存，取长补短，共同进步。

2. 新任教师培训提升新任教师专业能力

新任教师具备了职业认同感还远远不够，他们还需要实实在在的能力，才能将教育的理想和激情转化为生动的教育教学实践，用学生的实际获得彰显自己的职业价值。根据教育部颁布的教师专业标准，对小学教师专业能力从教育教学设计、组织与实施、激励与评价、沟通与合作、反思与发展五个方面提出了具体要求；对中学教师专业能力则从教学设计、教学实施、班级管理与教育活动、教育教学评价、沟通与合作、反思与发展六个方面做了规定。这些专业能力的获得，除了职前培养、实践锻炼外，还需要借鉴"过来人"的技能和策略，这就需要通过培训来解决。

通过形式多样的培训课程，新任教师能够学习现代教育教学理论，树立育人为本的教育思想和素质教育理念，掌握有效管理和开展班级活动的策略与技巧；初步掌握必备的专业知识和有效的教育教学方法与技能，提升教育教学基本功；明确专业发展目标，不断改进教育教学实践，提升综合素质；迅速适应从学生到教师的角色转换，更加得心应手地应对教育教学中的问题。下面几位新任教师参加完培训后的体会充分说明了这些方面。

教师1：在专业课培训过程中，名师和专家的讲座让我不断汲取着有益的养料，每一次的培训都有不同方向的新的知识和理念的传递，让我可以源源不断地借鉴、思考、总结，将所学的内容转化为自己的教学能力。比如设置问题的方法，问问题要在上课时先问开放型的，让学生有话可说，然后再提问封闭型的问题。在选择例子方面，也要在呈现时有所对比，比如呈现中国的例子之后就要有国外的，呈现古代的例子之后再展示一个当今的。

教师2：在这个学期的政治学科培训中，我最大的收获就是养成了进行反思的习惯。每周三的下午都是我们得以暂时卸下身上重担，全心全意提升自己的专业知识、技能的宝贵时间。以总结反思为立足点，在教育教学中遇到困惑时，细细翻看自己的反思，往往能得到灵感。

教师3：为期一年的新任教师培训，像一盏明灯一样，给我指明了道路，渐渐使我拨开了眼前一层一层的迷雾。从公共课程的培训到学科知识的培训，系统化、专业化的内容使我对教师这个职业有了较深刻的认识，而且获得了更专业的业务知识，各位前辈的经验之谈也为我将来的工作指明了方向。

既然新任教师培训如此重要，我们就必须为新任教师提供高质量的培训服务。那么，究竟什么样的培训才能真正满足新任教师的需求呢？我们认为，高质量的新任教师培训，必须充分把握新任教师的阶段性特征和需求，开发设计符合成人学习特点的培训课程，培训内容突出实践，培训形式强调多元，培训评价回归课堂。

北京市海淀区在新任教师培训方面进行了多年的思考和实践，新任教师培训已经成为海淀区教师培训的品牌项目。海淀区的新任教师培训具有以下几个明显的优势：建构行为导向的教师培训需求分析进阶模型，聚焦教师的教育教学行为，既要分析区域教师整体培训需求，还要分析以学科定位的学科教师的培训需求；根据课程设计与实施的六要素模型，以需求、主题、内容、任务、团队和学员六个要素作为切入点，基于工作绩效改进和专业素养提升两条主线，构建包括公共课程和学科课程的新任教师培训课程体系，强化互动参与式培训、实践体验式培训和混合式培训；创造性地应用柯克帕特里克四层次评估模型（Kirkpatrick Model），从反应层、学习层、行为层、结果层进行科学评价，发挥评估的激励、导向、监控与发展功能。

我们的思考

1. 教师培训专业化是必然趋势。

2. 精准化、自主化、多元化成为新的教师培训范式。

3. 新任教师所处阶段亟待培训支持。

4. 新任教师培训不但能够提升新任教师的专业认同，而且能够提高其专业能力。

你的思考

第二章
新任教师培训需求分析

本章关键问题

1. 如何认识教师培训需求分析?

2. 有哪些可借鉴的教师培训需求分析的方法、
   模型或工具?

3. 如何在实践中开展教师培训需求分析?

第一节　教师培训需求分析概述

一、对教师培训需求分析内涵的解析

（一）什么是教师培训需求

要科学开展教师培训需求分析，首先要厘清"什么是教师培训需求"。通过查阅相关文献可以发现，对于"培训需求"存在以下几种有代表性的观点。

要科学开展教师培训需求分析，需要我们综合考虑多种观点和调研方式的优劣，精准把握教师的真实需求。

（1）培训需求就是教师感受到的接受某种培训的主观愿望。我们可能经常采用问卷调查等方式询问教师"想获得什么样的培训""想学习哪方面的内容"，或者让教师在给定的菜单中选择自己所需要的内容。这种做法可能存在的问题有：第一，由于受制于自身的专业发展意识和批判性反思能力，教师感受不到某些客观的培训需求，或者教师感受到的是不真实的需求。第二，教师感受到的培训需求未必都是组织的真实需求。通过调查可以发现，很多教师经常将一些"非组织"的需求报告出来，例如个人健康和家庭生活等多个方面的问题。

（2）培训需求就是预期工作绩效与教师实际表现之间的差距。基于这种观点，我们通常会先明确教师的预期工作绩效，即教师工作的"应然状态"，然后通过调查发现教师工作的"实然状态"，进而找到二者的差距，将这种差距作为教师的培训需求。这种做法虽然克服了教师自我报告的主观性，但并没有考虑到有些差距并不是教师原因导致的，也没有考虑到有些差距是无法用培训解决的。还有一种情况是，没有绩效差距也不一定意味着不需要培训。这与教师的实际表现以及事前制定的绩效标准有关。

有学者将教师培训需求界定为教师工作的理想状态和实际状态之间的差

距，且这一差距需要通过培训才能最有效地解决，由此而产生培训需求。[①]
即强调发现理想与现实的差距之后，还应该进一步分析哪些差距能够通过培训来缩小。

（3）将以上两种观点整合起来，通过多种渠道和方法进行分析，才能更加准确、有效地识别培训需求。有学者认为，教师通过自我感受报告出来的和培训者通过绩效差距分析发现的两种培训需求之间会出现交叉重叠，基于两种渠道识别出的培训需求来设计培训课程才能吸引教师并取得实效。[②]

综合以上观点，我们可以发现，通过教师自我报告、分析教师理想工作绩效与实际工作表现之间的差距都能够获得教师的培训需求，但要进一步从这些需求中甄别出真实的、可通过培训解决的需求，则需要我们进行"抽丝剥茧"，基于教师的阶段发展特征、学科教学的专业要求，结合培训项目的具体情况，最终确定培训需求。

（二）什么是教师培训需求分析

目前，教师培训需求分析并没有统一的定义。在此呈现两种比较有代表性的界定。一种是赵德成、梁永正基于对国内外学者关于培训需求分析概念的梳理和理解提出的定义。他们将培训需求分析区分为广义和狭义两种。广义的培训需求分析泛指各种对员工培训需求进行分析的活动，这些分析活动关心员工是否需要培训、谁需要培训、需要哪些内容的培训、希望采用何种方式培训，以及对培训后勤安排有哪些建议等问题。狭义的培训需求分析则是指在规划与设计培训方案之前，由有关人员采取各种方法和技术，对组织情况及成员的知识、技能和态度等方面进行系统的鉴别与分析，以确定是否需要培训、谁需要培训及需要什么培训内容的一种活动，它的外延相对来说

---

① 宋萑，朱旭东.论教师培训的需求评价要素：模型建构 [J].教师教育研究，2017(1)：1-7.
② 赵德成，梁永正.教师培训需求分析 [M].北京：北京师范大学出版社，2012：6-7.

要小一些。①

另一种是学者余新在《教师培训师专业修炼》一书中提出的。他将教师培训需求分析定义为：在规划和设计培训项目或培训活动之前，培训者采用各种方法和技术，通过收集和分析各种信息，确定培训对象的工作现状与应达目标之间的差距，寻找产生差距的原因，并进一步从这些原因中找到那些可以通过培训来解决的学员知识、技能、态度、能力和行为等方面的问题，为开展培训活动提供依据。②

参考以上两种定义，本书将教师培训需求分析定义为：在规划与实施培训之前对教师培训需求进行收集、识别和分析的过程，简单来说，就是我们确定是否需要培训、谁需要培训及需要什么培训的一种活动。

二、教师培训需求分析的意义和作用

教师培训需求分析能够增加培训的实效性和针对性，也有助于促进教师的专业发展，提升学校教师队伍的专业素养。

第一，教师培训需求分析能够增加培训的针对性和实效性。众所周知，教师培训专业化首先体现为培训的针对性。我们如果不能精准把握教师的培训需求，就难以为教师提供有针对性的培训课程。换言之，培训需求分析是专业化教师培训的起点，也是教师培训工作中最为关键的一个环节。需求分析是确定培训主题和培训目标、设计培训课程、选择培训方式、评估培训效果等环节的基础和依据。只有依据需求分析的结果，才能确定什么样的培训主题适合参训教师，才能明确具体可操作的培训目标，进而依据培训目标量体裁衣式地规划培训的课程内容、选择培训方式，而评价最终的培训效果好不好也要以教师的培训需求是否得到了满足和回应为依据。因此，开展教师培训需求分析是增加培训的针对性和实效性的必经之路。

① 赵德成，梁永正.教师培训需求分析 [M].北京：北京师范大学出版社，2012：9.
② 余新.教师培训师专业修炼 [M].北京：教育科学出版社，2012：85.

第二，教师培训需求分析能够帮助教师明确自身的职业发展目标和方向，促进教师的专业发展。在进行教师培训需求分析时，一般会对教师自身情况及所在学校开展综合性的调查和分析，这样的分析过程不仅有助于我们发现学校教师群体的实际工作情况与理想绩效的差距，明确哪些教师需要参加培训、需要什么样的培训等问题，也有助于学校全面了解教师的职业发展需求，制订有针对性的人力资源发展规划，提升教师队伍的专业素养。另外，教师培训需求分析的过程也能够帮助教师了解自身的专业发展现状和需要改进的问题，找到自身职业发展的目标和方向。

三、当前有关教师培训需求分析的研究与实践

（一）当前教师培训需求分析的研究成果

当前，无论是学术领域还是教师培训的实践领域，已经有了较多的成果积累，不过，关于教师培训需求分析模型建构的研究还相对较少。

1. 关于教师培训需求分析的模型建构

通过查阅相关文献发现，关于教师培训需求分析模型的建构研究并不多见，前人的研究也大多借鉴工商业领域的相关模型。因此，有必要在此回顾工商业领域培训需求分析的经典模型，也有必要总结一下目前少数研究者或培训者基于教师培训实践建构的模型。

（1）工商业领域的需求分析模型。工商业领域中常用的两种模型为组织—任务—人员模型（orgnization-task-person model，简称 OTP 模型）和绩效分析模型。OTP 模型从组织、任务和人员三个层次上进行分析。其中，组织分析对组织的发展战略、资源、环境及氛围等多个方面进行分析；任务分析侧重于描述某一特定工作任务或岗位的性质；人员分析从员工的实际状况出发，考查员工的知识、能力、态度、行为表现。绩效分析模型聚焦于确定预期绩

OTP 分析模型

绩效分析模型

基于胜任特征的分析
模型

教师培训需求分析的
冰山模型和弓箭模型

效与实际绩效之间的差距、分析差距产生的原因，从而识别培训需求。

OTP 分析模型、绩效分析模型是在培训需求分析实践中占据统治地位的两种经典模型，随后产生的基于胜任特征的分析模型实际上也没有脱离经典模型的研究框架。这些模型都可为教师培训所借鉴，但在借鉴的过程中，必须克服它们存在的问题。首先，这些模型都起源且兴盛于工商业培训领域，没有体现教师的职业特点，在教师培训领域的适用性不强。其次，尽管这些模型的框架结构都很清晰，但偏于宏观，具体的过程和方法在模型中没有体现，操作性不强。

（2）教师培训领域的需求分析模型。根据调查与研究可以发现，教师培训需求分析模型并不多见，学者余新提出了冰山模型和弓箭模型。冰山模型从人员需求、工作需求、组织需求、社会需求四个维度进行分析，它突出强调冰山之下容易被忽略的工作需求、组织需求和社会需求。弓箭模型提供了组织需求和个人需求不一致时的满足顺序。冰山模型和弓箭模型应该说是比较成熟的探索，也有很多可以借鉴的地方，但冰山模型更多表明的是四个维度的相互关系，至于四个维度之下如何展开则无法体现，而弓箭模型又偏重于表现对最后的培训需求的整合，缺少了获得培训需求的过程。

2. 关于教师培训需求分析的实践研究

这方面的研究有的是基于某一大型培训项目的需求分析实施而进行的相关经验的梳理和总结，如"国培计划"的系列研究；有的是针对不同教师群体的需求分析而展开的专题研究，如农村地区教师、不同学科教师、不同发展阶段的教师、不同学段的教师等；有的是针对不同的培训内容而进行的专题研究，如信息技术应用能力的培训需求分析等；还有的是针对特定培训模式而开展的需求分析研究，如中小学教师网络培训需求分析。这些研究的共同点是介绍需求分析的实施方法、路径、数据调研结果，最后给出相应的对策建议。由此可以发现，教师培训的参与者、实施者、研究者对于教师培训需求分析的必要性、重要性已经达成了共识，并已总结了很多具有参考价值的经验与思考。

（二）做好教师培训需求分析面临的问题

虽然当前对于教师培训需求分析已积累了诸多研究成果与实践经验，但如何做好教师培训需求分析仍然是我们面临的一个主要问题。从文献的梳理分析及实践经验的总结来看，我们需要正视的问题是：目前在教师培训实践领域，培训需求分析还存在主观性、随意性、片面性方面的问题，这就容易导致需求分析的结果不准确，从而影响培训目标的确定以及培训内容和形式的选择。

第一，需求分析的主观性问题。培训需求分析的主观性问题表现在：没有以参训教师为主体，不太重视教师培训需求分析，也没有客观深入地进行过教师培训需求分析，通常基于培训者自身的经验和想法来开展培训。国内很多教师培训仍然停留在自上而下开展的局面，一些教育主管部门和教师培训机构以自我的标准去衡量教师的需求，没有从一线实际去调查研究。[1]

第二，需求分析的片面性问题。培训需求分析的片面性问题主要表现为以下两个方面：一方面是培训需求分析参与主体的单一性，教师培训需求分析涉及培训管理者、学校管理者、培训者、教师、专家等多个主体[2]，但通常的需求分析只有培训管理者和教师参与。另一方面是培训需求分析内容的局限性，教师培训应该立足区域实际、学校发展和教师自身来开展，但在很多

---

① 杨雷.科学教师培训需求分析的初步研究 [D].桂林：广西师范大学，2007：1.

② 余新.教师培训师专业修炼 [M].北京：教育科学出版社，2012：88-89.

情况下，培训需求调研只进行个人需求分析。

第三，需求分析的随意性问题。目前，很多培训者在做培训需求分析时存在比较随意的情况。这体现在：首先，进行教师培训需求调研时采用的工具和手段单一，主要采取问卷调查的形式，获取的需求信息较为表层，很难深入地对信息进行挖掘。其次，问卷调查往往是一次性的，很难反馈教师的动态需求。[①] 最后，很多教师培训需求分析缺少规范的流程，特别是从培训需求到培训课程的过渡和衔接不够紧密。

> 我们需要重新审视教师培训需求分析的内涵、价值与意义，建构适合教师培训领域的需求分析模型或路径。

要解决以上问题，一是需要我们重新审视自己对教师培训需求分析的认识，只有自己深刻理解了其内涵、价值和意义，克服了自身认识的主观片面性，才能使之指导我们科学有效地实施教师培训；二是需要建构适合教师培训领域的需求分析模型或路径。

综合以上在理论和实践层面的发现，为了加强教师培训的针对性和实效性，我们亟须构建一种适用于所有专业发展阶段的教师培训需求分析模型。在建构的过程中，我们必须认识到，模型既应该阐明整个需求分析的路径，还应该表明分析与获得需求的方法，当然，最重要的还是要体现教师职业的特点。因此，我们不应简单借鉴或套用某一经典分析模型，而是要在深入研究几类经典分析模型的基础上，结合教师职业的实际情况，构建系统、全面、科学、操作性强、体现教师职业特点的培训需求分析模型。

---

① 时广军，练荣文．关于教师培训需求分析的思考[J].东莞理工学院学报，2015(4)：96-100.

第二节 基于行为导向的教师培训需求分析模型建构

基于上述针对教师培训需求分析的认识，以及对适用于教师培训领域的需求分析模型的现实需要，海淀区在长期教师培训实践和案例研究过程中，提炼出共性的培训需求分析路径和获取方法，构建出精细化、立体化和策略化的"基于行为导向（Action-Oriented）的教师培训需求分析进阶模型"（见图2-2-1）。

模型为基于实践经验抽象提炼而成的路径，为教师培训需求分析提供方法论的指导。

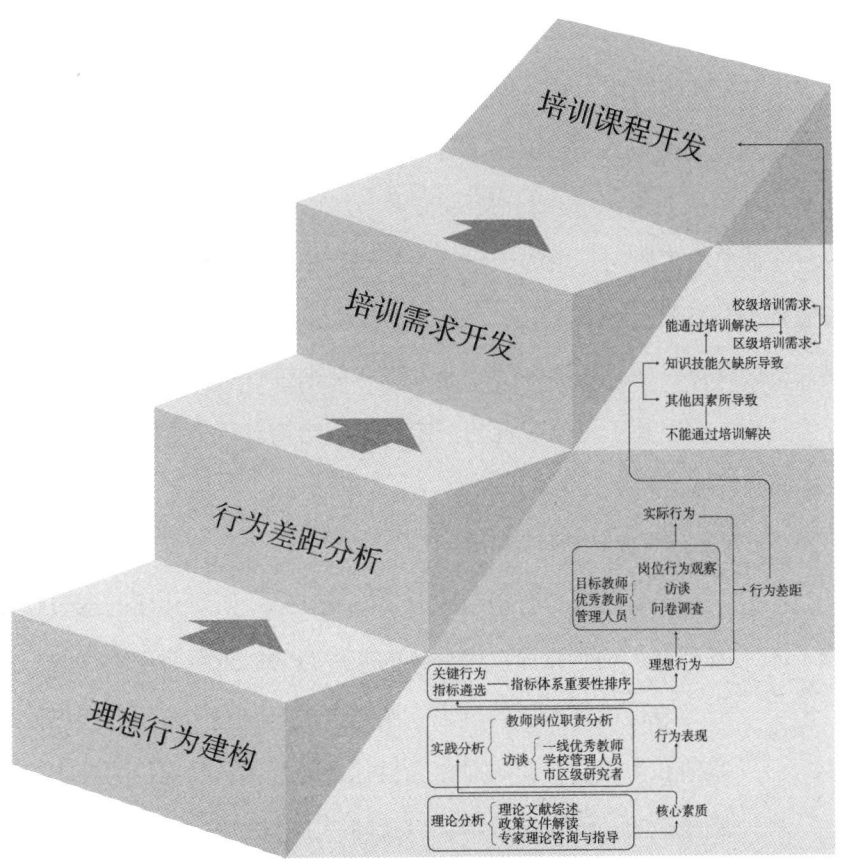

图 2-2-1 基于行为导向的教师培训需求分析进阶模型

一、模型的概述

基于行为导向的教师培训需求分析进阶模型分为理想行为建构、行为差距分析和培训需求定位三个阶段，并最终指向培训课程开发阶段。前三个阶段不是简单的并列，而是后一个阶段以前一个阶段的结果为基础，递次展开、逐级达成，最终完成教师培训需求的分析。

1."理想行为建构"阶段

理想行为就是目标教师群体核心素质的行为化表达，明确了培训的目标指向。

第一阶段"理想行为建构"包括"理论分析""实践分析"和"关键行为指标遴选"三个步骤。"理论分析"旨在从最根本的意义上提炼出教师胜任本岗位所应具备的核心素质特征，明确培训的目标指向。"实践分析"则是从目标教师群体的岗位职责出发，实现与第一步"理论分析"所概括出的目标教师群体核心素质对接，深入分析教师在履行工作职责和完成工作任务时应然的具体行为表现。从某种意义上说，"实践分析"实质上是"理论分析"的实践下移和落地，它将抽象的素质与具象的工作行为关联起来，凸显目标教师群体应然的行为表现。"关键行为指标遴选"是对"实践分析"中呈现出来的全部行为表现，通过聚焦目标教师群体的专业发展特征来进行重要性排序，筛选出关键行为指标，按照基于岗位职责的一定的逻辑结构进行指标重组，最终构建出目标教师群体的理想行为。

2."行为差距分析"阶段

进行行为差距分析时，一要引入多元视角，二要注意理想行为与实际行为的一一对应。

第二阶段"行为差距分析"是在第一阶段构建的理想行为的基础上，调研目标教师群体的实际行为，进而将理想行为与实际行为进行比较分析的过程。调研方法有问卷调查法、岗位行为观察法和访谈法，调研对象为目标教师群体、同岗位的具有丰富实践经验的一线优秀教师，以及同一工作领域的学校管理人员。调研人员可以依据实际情况，选择不同的调研方法。对于区级层面的培训需求分析，由于目标教师群体数量大，通常以问卷调查法为主，辅之以岗位行为观察法和访谈法。对于学校层面的培训需求分析，则以岗位行为观察法和访谈法为主，针对教师的实际教育教学行为做判断。目标教师群体可以基于理想行为对自己的实际行为做评估和诊断，一线优秀教师和学校管理者则凭借经验和资质上的优势，对目标教师群体的实际行为表现做出客观判断。综合调查结果，确定目标教师群体的实际行为表现，然后与理想行为进行对比分析，找出有差距的行为。此阶段需要注意的是，理想行为和实际行为间要有一一对应关系，既不能相互交叉，也不能出现偏差。

3. "培训需求定位"阶段

第三阶段"培训需求定位"是从行为差距到培训需求再到培训课程的分析方法与路径的连续体（continuum）。此阶段需要避免的一个错误观念是，将行为差距［吉尔伯特（Gilbert.）称之为绩效差距］简单地等同为培训需求。其实吉尔伯特很早就指出，绩效差距的揭示不是需求分析的终点，它只是发现真实培训需求的第一步。①

> 行为差距不能简单地被等同为培训需求，只有由知识或技能欠缺所导致的，且通过培训可现实解决的才可视为培训需求。

因此，作为培训者的我们应该深入分析行为差距产生的原因，只有当行为差距是由于教师在知识、技能上的欠缺所导致的，而且现阶段能通过培训加以解决时（如有相应的培训技术手段支持、培训师资等），行为差距才可以转化为培训需求。由于其他因素（如学校管理制度、人文环境等）所导致的、不能通过培训解决的行为差距则应暂时搁置；然后在此基础上进一步分析哪些培训需求可以通过校级培训予以满足，哪些可以通过区级培训加以解决，也就是将培训需求归类为校级培训需求和区级培训需求。

---

① GILBERT.Praxeonomy: A Systematic Approach to Identifying Training Needs[J].Management Personnel Quarterly, 1967: 20-23.

二、模型的特点

相对于以往的培训需求分析模型，基于行为导向的教师培训需求分析进阶模型主要有以下四个特点。

第一，扎根教师的专业场景。不同于以往基于教师素质的培训需求分析，该模型特别强调分析教师专业生活中应具备的理想行为状态和实际行为表现，并从这种差距中寻找培训需求，从而通过培训有针对性地提高教师教育教学的专业行为水平。这是非常符合教师真实的工作情境和专业成长逻辑的。

第二，聚焦教师的职业行为。不同于企业领域绩效导向下的培训需求分析，该模型用行为分析代替绩效分析，避免了教师工作绩效评价的模糊性特点，从而对来自企业培训的绩效分析模型做了更适合教师职业特点的改进。

第三，立足多元群体的视角。在理想行为建构阶段，在理论分析基础上引入实践分析，将一线优秀教师、学校管理人员、各级研究者的调研作为理想行为建构的重要环节，是该模型的又一创新点。这使得其实践基础扎实，视角也更宽广，建构的理想行为更加客观、科学。

第四，细化需求分析的路径。该模型进阶设计合理，各阶段前后衔接、逐级递进，不仅指明了分析的维度，而且提供了具体的分析路径和方法，拓展和丰富了以往模型的内涵。

三、模型的研发过程

该模型研究最初是以海淀区中小学新任班主任为研究对象；之后利用海淀区新任班主任的阶段研究成果去指导中学数学新任教师、小学语文新任教师案例的研究；最后基于三个案例提炼共性方法和路径构建出来。下面以海淀区新任班主任为例，说明培训需求分析模型三个阶段的研发过程。

（一）理想行为建构阶段

在建构理想行为的初始阶段，主要参考了教师发展生涯理论、教育部颁发的中小学教师专业标准等理论和政策文献，并通过中国知网检索有关班主任工作的文献，同时结合教师教育研究领域专家的指导意见，形成了"海淀区新任班主任应具备的核心素质"。核心素质分别从专业理念与师德、专业知识、专业能力三个维度进行建构，目的是提炼出新任教师胜任班主任岗位所应具备的核心素质，并以此定位培训的方向。

然后，将核心素质对接与班主任工作相关的政策文本，视角聚焦于班主任工作中思想道德教育、班级学生管理和健康成长引领三项主要职责（简称"育、管、领"）。随后依据三项主要职责研发访谈提纲，对海淀区中小学新任班主任利益相关者开展深度开放性访谈，从专业理念与师德、专业知识、专业能力三个角度分别调研新任班主任在履行三项主要岗位职责时的理想行为表现。接下来，对访谈资料进行分析，提炼本土性概念，实现教师素质的行为化，最终形成包括63条指标的"海淀区新任班主任理想行为列表"。

经过第二步"实践分析"所罗列出的63条新任班主任理想行为，需要根据新任班主任阶段特质、岗位职责和工作特点进行"瘦身"、指标归类和结构重组。为此开始实施第三步"关键行为指标遴选"。此步骤采取培训者研判与专家咨询相结合的方式，将行为指标经过提炼、整合、精简由63条变为26条。然后，根据班主任工作特点和岗位职责，将其按照基本行为、任务行为和成长行为进行归类，最终建构出海淀区新任班主任理想行为。（见表2-2-1）

海淀区新任班主任培训需求调研访谈提纲

表 2-2-1　海淀区新任班主任理想行为

维度		理想行为
基本行为		1. 有正确的政治立场，自觉维护国家利益
		2. 培养学生良好道德情操，引领正确价值观
		3. 关注学生差异，公平、公正地对待每一位学生，努力做到因材施教
		4. 关注学生的身心健康
		5. 积极乐观，热爱生活，追求并有意识地传播真善美
		6. 尽职尽责，以足够的爱心、耐心和细心呵护学生成长
任务行为	思想道德教育	7. 注意自己的一言一行，以身作则，言传身教
		8. 尊重、理解、接纳每一位学生，不给学生贴道德标签
		9. 保护学生隐私权
		10. 了解道德发展的相关知识与理论
		11. 根据学生成长需要，能及时发现学生问题，善于抓住教育契机，进行个体教育
		12. 有亲和力，能与学生、家长共情，沟通顺畅
		13. 准确表达观点想法，入耳入心
	班级学生管理	14. 熟悉学校教育教学规章制度和学生行为规范，明确班主任职责
		15. 能够有条理地安排处理班级事务
		16. 具有教育机智，遇到突发事件能够迅速反应，科学妥善处理
		17. 善于合作，有意识地整合各种资源，形成教育合力
		18. 注重班干部的培养，提升学生自我管理能力
	健康成长引领	19. 注重学生习惯养成和能力培养
		20. 了解学生年龄特点和身心发展规律，如儿童行为心理、青春期心理等
		21. 制订班级规划，建立班级共同发展目标，形成良好班风
		22. 有效组织实施班级教育活动，调动学生参与的积极性
		23. 培养学生的团队意识、集体荣誉感，提升班级凝聚力
成长行为		24. 认同班主任工作的价值和意义，乐于承担班主任工作
		25. 认识到班主任工作的专业性，努力提高专业技能
		26. 及时收集资料，积累案例，勤于反思

（二）行为差距分析阶段

基于海淀区新任班主任理想行为，主要采用问卷调研的方式，同时辅之以岗位行为观察和访谈，展开对海淀区新任班主任实际行为的调研。调研问卷包括三块内容：首先是对本校新任班主任在"育、管、领和专业成长"四个方面的实际表现进行整体判断；其次是针对26条理想行为表现，结合新任班主任的实际工作进行逐项打分；最后是判断哪些行为能够通过培训以及由谁培训可得以改善。海淀区143所中小学校的221位班主任管理者或优秀班主任参与了问卷调查，其中小学134人、中学87人，班主任管理者（包括德育副校长、德育主任、年级组长）117人、优秀班主任104人。同时，选取10位新任班主任（中小学各5位）开展访谈，请他们比照理想行为描述自己的实际情况。最后，根据问卷调查和访谈的结果，描述出新任班主任的行为差距（见图2-2-2）。图中序列号与26条理想行为标号[①]——对应，其中深色标示的为有显著差距的行为（指比照理想行为，不符合比例超过4%的实际行为）。

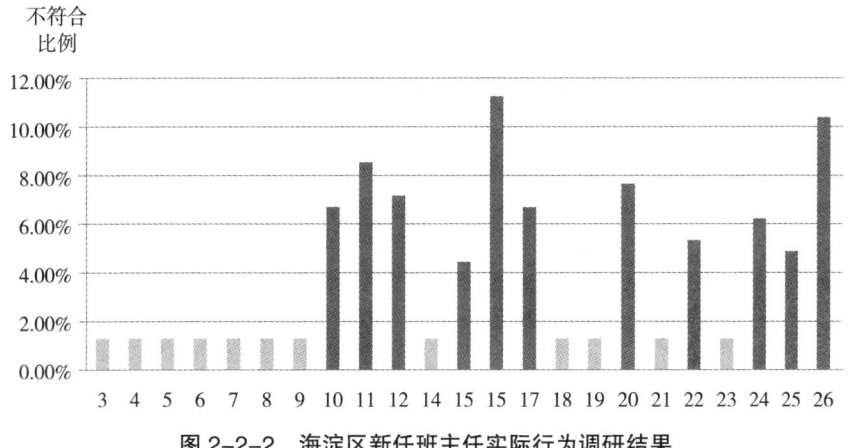

图 2-2-2　海淀区新任班主任实际行为调研结果

----

① 因为1、2项事关教师的基本政治观念和价值取向，实际的调研结果显示没有不符合的，所以图中1、2没有显示，是从3开始的。

海淀区新任班主任培训需求调研问卷

（三）培训需求定位阶段

此阶段采用"区校联动"的方式进行。即在调研实际行为的同时，采用同一份调研问卷，中小学班主任管理人员和优秀班主任对新任班主任行为差距进行归因分析并判断是否能够通过培训加以解决。区级培训者结合自身的专业判断，与调研对象共同分析在解决新任班主任行为差距中区校两级培训的分工，最终定位培训需求。

经历了理想行为建构、行为差距分析、培训需求定位三个阶段，分析出海淀区新任班主任培训需求，最后依据需求规划设计培训课程。（见表2-2-2）

表2-2-2　海淀区新任班主任培训课程框架

序号	模块主题	内容	形式
模块一	青少年心理与道德发展	青少年心理发展特点；青少年心理学；道德发展相关理论	结合实际案例进行理论讲授，并提炼策略，辅之以相关图书的阅读学习
模块二	师生交往与人际沟通	师生沟通和家校沟通的原则、方法和技巧	理论学习加经验分享——先由理论专家从高位上就人际沟通的原则和方法进行讲授，然后请优秀班主任就自己在师生沟通、家校沟通方面的做法进行分享交流
模块三	个体教育的方法与策略	敏锐发现学生问题与擅抓教育契机；学生习惯养成和能力培养；特殊学生教育的方法与策略	案例式讲座；优秀经验分享；以问题为中心的互动式培训；对推荐实用性图书的阅读自学
模块四	班级教育活动的组织与实施	班级教育活动的类型；班级教育活动组织的原则与策略	案例式讲座——邀请优秀班主任进行经验分享；班级教育活动观摩、专家点评和分析；对推荐的实用性图书的阅读自学

第三节 新任教师群体特征调研

"基于行为导向的教师培训需求分析进阶模型"为新任教师群体特征调研提供了方法和路径。从上文我们知道，该模型由理想行为建构、行为差距分析、培训需求定位三个阶段构成。因此，在进行新任教师群体特征研究时，我们需要解决以下几个问题：

"基于行为导向的教师培训需求分析进阶模型"为新任教师群体特征调研提供了方法和路径。

第一，新任教师的理想行为是什么？

第二，对照理想行为，如何调研新任教师的专业发展现状？

第三，新任教师群体有哪些共性特征？

一、新任教师群体"理想行为"建构

教育部在教师〔2012〕1号文件《教育部关于印发〈幼儿园教师专业标准（试行）〉〈小学教师专业标准（试行）〉和〈中学教师专业标准（试行）〉的通知》中指出："《专业标准》是国家对幼儿园、小学和中学合格教师专业素质的基本要求，是教师实施教育教学行为的基本规范，是引领教师专业发展的基本准则，是教师培养、准入、培训、考核等工作的重要依据。"其中，中小学教师专业标准为中小学新任教师理想行为建构提供了政策依据，其基本内容包括三个维度，即专业理念与师德、专业知识、专业能力。因此，新任教师"理想行为"建构可包括专业理念与师德、专业知识、专业能力这三个维度。

专业理念和师德不仅是做好教师职业的精神支柱，而且它们本身就是教育的内容。

（一）"专业理念与师德"维度的理想行为建构

对任何一种职业来说，职业精神和职业道德都是做好这一职业的精神支柱。教师职业自身的独特特性——活动的教育性、劳动主体与对象的主体性、劳动关系的复杂性和教育活动过程评估和管理的困难[1]，决定了专业理念和师德不仅是做好教师职业的精神支柱，而且它们本身就是教育的内容。教师就是以自己的信念和人格为示范，对学生实施"上所施下所效"的教育。因此，中小学教师专业标准中把"专业理念与师德"作为教师专业素质的首要标准提了出来。我们研究新任教师群体特征，首先就要研究新任教师的专业理念与师德。

对比分析《小学教师专业标准（试行）》和《中学教师专业标准（试行）》发现，在"专业理念与师德"的四个部分，即职业理解与认识、对待中小学生的态度与行为、教育教学的态度与行为、个人修养与行为，中学与小学的共同性远大于差异性，因此，将中学、小学教师的"专业理念与师德"确定为共同的理想行为。但在分析行为差距时，要考虑专业标准中体现的对中学、小学教师的不同要求做出不同的分析。

根据中小学教师专业标准中"专业理念与师德"四个方面的内容，进一步分析新任教师在履行工作职责和完成工作任务时应然的具体行为表现，突出新任教师有别于其他阶段教师的行为标准，聚焦和筛选出关键行为指标，最终构建出中小学新任教师群体"专业理念与师德"维度的理想行为。（见表2-3-1）

表 2-3-1 "专业理念与师德"维度的理想行为

指标	理想行为
职业理解与认识	1. 贯彻和遵守国家教育政策、法律法规
	2. 理解中小学教育工作的意义，热爱教师工作
	3. 认同教育工作的专业性和独特性
	4. 具有良好的师德修养
	5. 愿意与人协作和交流
	6. 能够在分析自己的优势和不足基础上进行职业发展规划

---

[1] 檀传宝. 走向新师德：师德现状与教师专业道德建设研究 [M]. 北京：北京师范大学出版社，2009：3-6.

续表

指标	理想行为
对学生的态度与行为	7. 关爱学生，维护学生合法权益
	8. 尊重学生，主动了解学生需求
教育教学的态度与行为	9. 理解"育人为本，德育为先"的理念
	10. 尊重教育规律和中小学生身心发展规律
	11. 重视学生探究意识和能力的培养
个人修养与行为	12. 富有爱心、责任心
	13. 善于调节自己的情绪
	14. 有自我发展的意识，虚心好学
	15. 衣着得体，言语举止文明

（二）"专业知识"维度的理想行为建构

新任教师面临比较大的生存压力，他们亟须站稳讲台，掌握教育教学工作必须具备的基本功。因此，"专业知识"维度的理想行为建构，基于中小学教师专业标准对专业知识的要求，重点关注与教育教学工作密切关联的知识，突出对学生发展知识、学科知识、教育教学知识掌握程度的测查。而对于通识性知识，包括体现科学素养、人文与艺术修养等方面的知识，可暂时不放在对新任教师专业知识的测查指标之中。对于信息技术知识的测查，可与专业能力测查相结合，测查课堂教学中信息技术的应用能力。

新任教师处于教师专业发展的第一阶段，也是关键阶段，需要具有自我发展的意识，掌握自我发展的知识，具备自我发展的能力，这将为新任教师可持续发展奠定坚实基础。因此，"自我发展知识"作为与新任教师专业发展密切相关的知识也应被纳入"专业知识"维度的理想行为之中。

基于中小学教师专业标准对专业知识的基本要求，针对新任教师这一特定发展阶段在履行工作职责和完成工作任务时的实际问题和需要，聚焦和筛选"专业知识"维度理想行为的关键指标，形成"专业知识"维度的理想行

为。（见表 2-3-2）

表 2-3-2　"专业知识"维度的理想行为

指标	理想行为
学生发展知识	1. 了解学生保护的有关法律法规及政策规定
	2. 关注学生差异、心理特点和发展规律，对重要心理学规律有认知
	3. 了解学生学习和智力发展的规律，对重要学习规律有认知
学科知识	4. 了解学科知识的学科价值和社会价值
	5. 了解所教学科的知识体系、基本思想与方法
	6. 掌握所教学科内容的基本知识、基本原理与技能
教育教学知识	7. 了解重要的教育教学观念和理论
	8. 理解所教学科的课程标准，掌握常见教育教学问题的基本解决策略
自我发展知识	9. 了解教师专业素养的基本构成
	10. 了解自我发展的障碍和突破对策

（三）"专业能力"维度的理想行为建构

专业能力的高低由教师实践活动的质量决定，而教师实践活动主要表现为课堂教学行为。

专业能力的高低由教师实践活动的质量决定，而教师实践活动主要表现为课堂教学行为。课堂教学行为主要体现在教学实施与教学评价两个方面，而教学设计则是二者的前提与基础。因此，基于课堂教学行为的专业能力测评，应主要包括教学实施与教学评价两个方面。

根据中小学教师专业标准对专业能力的要求，新任教师教学专业能力主要体现为"组织与实施能力"和"激励与评价能力"。组织与实施能力是教师在教学设计的基础上，实施教学的核心能力。而激励与评价能力是教师在教育教学过程中运用一定手段了解学生学习状况，测查既定教学目标是否实现、学生是否达到学习目标，从而不断改进教学的能力。组织与实施能力和激励与评价能力都是新任教师专业能力中不可或缺的重要能力。

　　针对新任教师在完成课堂教学任务时的实际问题和需要，聚焦组织与实施能力和激励与评价能力的关键指标，建构新任教师"专业能力"维度的理想行为。其中组织与实施能力包括情境创设、教学提问、教学语言、学生活动、教学环节、教学媒介、课堂管理、教学目标达成；激励与评价能力包括教学反馈、练习测验、作业布置。新任教师"专业能力"维度的理想行为见表2-3-3。

表 2-3-3　"专业能力"维度的理想行为

指标	角度	理想行为
组织与实施能力	1. 情境创设	（1）有助于突破本课重难点
		（2）能够调动学生的参与
		（3）紧密联系生活，有助于实际问题的解决
	2. 教学提问	（4）同类问题内有层次性，有良好的问题拆解过程
		（5）能够广泛提问各水平学生，对不同水平的学生提出不同挑战性的问题
		（6）与核心内容紧密相关，有助于学生将知识转化为认识、形成能力，有助于核心问题的解决
		（7）在教师的引导下，大部分学生能够对问题做出正确解答
	3. 教学语言	（8）表述符合学科特点，逻辑严密，没有科学性错误
		（9）符合学生的认知特点，语言清晰易懂
		（10）语言生动形象、风趣幽默、富有感染力
	4. 学生活动	（11）活动既帮助学生突破重难点，又有生成性
		（12）学生活动的参与度高
	5. 教学环节	（13）在突破教学重难点时，能够体现出小步子教学的推进性
		（14）教学节奏张弛有度，能根据学生的实际反应，灵活调整教学进程

指标	角度	理想行为
组织与实施能力	6. 教学媒介	（15）板书既能呈现整体结构、突出重难点，又有生成性
		（16）合理选择和运用多媒体教学技术，并且与传统教学手段有机结合
		（17）实物材料的引入既有助于学生理解教学内容，又能体现拓展延伸
	7. 课堂管理	（18）科学管理学生的行为，控制与激励相结合
		（19）对突发事件的处理能体现出教学机智性
		（20）课堂气氛融洽，学生积极参与
	8. 教学目标达成	（21）与生活实际相联系，学生能体现出联系生活实际解决问题的意识
		（22）学生能够在教师的引导下自主设计并探究问题的解决过程
		（23）教师结合教学内容对学生的价值观进行正确、积极的引导
激励与评价能力	9. 教学反馈	（24）能够准确把握学生的问题所在，在给予反馈的同时有效地促进本节课教学目标的达成
		（25）评价方式既能有效激发学生的参与热情，又能启发学生的思维
	10. 练习测验	（26）既突出教学重难点，又有适当的延伸
		（27）能够检测出不同水平学生的学习效果
	11. 作业布置	（28）作业布置既能体现学生个性，又能体现学科特点
		（29）作业布置能够联系生活实际，具有延展性和生成性，体现学以致用

二、新任教师群体"实际行为"调研

理想行为建构之后，需要以其为标准、"尺子"，去调研、测量新任教师的实际行为，进而将理想行为与实际行为进行比较分析。

（一）"专业理念与师德"维度的实际行为调研

"专业理念与师德"具有很强的内隐性，必须通过深度的访谈或长期的自然观察才能捕捉到。考虑到研究的效度和便利性，可以主要采取访谈法。

访谈之前首先要设计结构化的访谈提纲及分析框架。访谈提纲的设计一定要对照之前确定的"专业理念与师德"维度的理想行为，实现全覆盖；同时要考虑到受访者的思维和表达逻辑。

在访谈提纲中，访谈问题主要是为了了解新任教师"对教师职业的理解和认识""对学生的态度与行为""教育教学的态度与行为"和"个人修养与行为"。访谈问题没有按照以上四个部分整块顺序排列，而是按照受访者的思维和表达逻辑，将四个部分的问题打散交叉排列。但是，在每一个访谈问题之后，均列出了对应的理想行为。当然，这四大部分不是截然分开的，

新任教师"专业理念与师德"访谈提纲及分析框架

在同一个问题的回答中，受访者可能会同时谈到多方面的问题，在分析资料时要进行语义关联的交叉分析，以更全面地把握每个受访者在专业理念与师德方面的整体情况。同时，为了更好地提高培训工作的实效性，特别在最后设计了一个问题："您对您所在的学校和负责新任教师培训的进修学校有什么希望或要求吗？"在分析其他问题时也都要注意看该问题反映出的新任教师的需求情况。"个人修养与行为"中的"衣着得体，言语举止文明"在访谈提纲中没有涉及，可以通过对被访谈新任教师的观察来获取信息。

同时，考虑到专业理念和师德研究涉及价值判断，新任教师很可能出于自我保护而掩盖自己的真实想法，会用一些时下流行的主流口号来迎合访谈者。因此，在访谈中不能用"您认为中小学教育工作的主要意义是什么""您是否热爱现在的工作"等方式直接设问，而是问："您为什么选择当老师呢？工作过一段时间后您觉得自己是否更喜欢当老师了？为什么？"所有的访谈问题，都试图通过这样一种态度中立的、与受访者亲切交谈探寻其真实心路历程的方式来设问，从而达到让受访者敞开心扉的目的。同时，在"访谈关注点"中也多次强调，当受访者表现出自己工作中的无力或不足的时候，访谈者一定要表现出一种真诚的理解、接纳的态度，让受访者没有顾忌地去展现真实的自我。

访谈提纲设计好后，就可以对新任教师进行"专业理念与师德"维度的

访谈了。正式访谈前，需要选取访谈样本。可采用随机抽样的方法，即按照"保证总体中每个单位都有同等机会被抽中的原则"进行抽样，同时考虑性别、学段、学历层次、学校类型、学科分布等指标要素，保证访谈样本的覆盖面和代表性。

正式访谈前可进行预访谈，对访谈提纲和内容进行进一步的调整。访谈时可以录音，以留存访谈资料。访谈后，通过寻找"本土概念"、建立编码和归档系统的方法对资料进行初步分析，运用类属分析和情境分析相结合的办法对资料进行深入分析，以得出调研结果。

（二）"专业知识"维度的实际行为调研

"专业知识"维度的实际行为调研，可以以问卷调查为主，综合运用访谈、课堂观察等方法。以"专业知识"维度的理想行为为标准，通过问卷调查等方法，收集新任教师该维度实际行为的实证资料。

开展以问卷调查为主要方法的"专业知识"调研，首先要进行调研问卷设计。根据"专业知识"维度理想行为的四个方面，即学生发展知识、学科知识、教育教学知识、自我发展知识，调研问卷可主要包含三类问题：（1）知识选择题，直接调查被试教师是否了解和使用某知识，旨在了解被试教师在专业知识的认知和应用方面的基本情况；（2）情境选择题，在被试教师熟悉的工作任务情境中调查其关注角度，旨在透过关注角度了解被试教师的专业知识应用情况及策略；（3）情境主观题，进一步补充和明确被试教师对专业知识的理解和应用策略。

根据学科特点，调研问卷可以分为文科、理科和其他学科三大类，每一大类问卷均应包含学生发展知识、学科知识、教育教学知识、自我发展知识四个方面的测试问题，并且对照"专业知识"维度的理想行为，实现理想行为指标的全覆盖。不同类别的问卷在问题设计上功能一致，但情境任务和具体知识会根据不同学科的特点而有所不同。文科与理科类问卷可设计 A、B

两种问卷，目的是对更多工作任务情境下被试教师的专业知识情况有所了解。

新任教师"专业知识"
调研问卷

调研问卷设计完成之后，通过试测，进一步调整和明确调研问卷的表达、题量、作答要求等。调研问卷确定之后，对所有新任教师进行"专业知识"维度实际行为的问卷调研。问卷客观题结果利用 SPSS 18.0 软件进行分析，主观题结果作为补充证据使用。基于问卷统计结果，对数据及数据反映的问题进行讨论，形成对新任教师"专业知识"维度实际行为的描述，并概括出实际行为与理想行为之间的差距，即存在的主要问题。

（三）"专业能力"维度的实际行为调研

第一阶段构建了"专业能力"维度的理想行为，以理想行为为标准，走进新任教师课堂，进行课堂观察，辅之以访谈、成品分析，调研新任教师群体在教学"组织与实施能力"和"激励与评价能力"方面的实际行为。

专业能力调研的工具是课堂观察表。课堂观察表要全面涵盖专业能力理想行为中"组织与实施能力"和"激励与评价能力"两个领域的内容，将每一条标准分层级进行具体描述，语言表述力求通俗易懂，尽量适合使用对象的阅读习惯与理解能力。量表内容尽量删繁就简、精练简洁。因为如果量表过长、表述繁复，便不易于操作。

课堂观察表的基本内容包括"维度""观察点"和"表现层次"三个方面。维度包含组织与实施能力和激励与评价能力；在各个维度下，确立了一级和二级若干个观察点；在每个观察点之下，又提出了若干个表现层次。其中组织与实施能力包括 8 个一级观察点：情境创设、教学提问、教学语言、学生活动、教学环节、教学媒介、课堂管理、教学目标达成；教学评价能力包括 3 个一级观察点：教学反馈、练习测验、作业布置。每个一级观察点下又设 2—4 个二级观察点。

新任教师"专业能力"
课堂观察表

为了进一步改进课堂观察表，测试其科学性与可行性，需要进行预研究。为了能够获取更加科学有效的数据，最大限度避免抽样的误差，保证研究的科学性，采用分层抽样的方法，选取不同层次学校的新任教师，在样本的取样上，依据低于1000个研究对象要抽取等于或大于总体的30%样本量的原则，确定抽样数量。为保证观察结果的信度和效度，尽量减少量表使用过程中的校际差异和个体差异，达成对量表中各观察点层级判断的相对共识，要对使用《课堂观察表》对新任教师进行课堂观察的人员进行培训。课堂观察完成之后，采用SPSS 18.0统计软件，应用描述统计分析的方式对课堂观察表进行统计分析，得出新任教师在专业能力方面的实际行为，进而将理想行为与实际行为进行比较分析。

三、新任教师群体特征研究

依据教育部颁布的中小学教师专业标准，我们从专业理念与师德、专业知识与专业能力三个维度进行了新任教师理想行为建构；以理想行为为标准，研发了调研工具，具体包括调研问卷、访谈提纲和课堂观察表。具体调研时，主要使用访谈法对新任教师的专业理念和师德现状进行调研，采用问卷调查法完成对新任教师专业知识的调研，采取课堂观察法对新任教师专业能力现状进行调研。结合三个方面的调研结果，形成对新任教师群体特征的全面描述。

以海淀区为例，通过以上路径和方法对教龄在3年内的中小学新任教师进行了群体特征调研。调研结果显示海淀区新任教师群体具有以下主要特征。

（一）专业理念与师德维度

在专业理念与师德维度，海淀区新任教师群体表现出如下特征（见表2-3-4）。

表 2-3-4　海淀区新任教师"专业理念与师德维度"表现特征

维度	表现内容
1. 新任教师的职业理解与认识情况	（1）能够在入职后认识到中小学教育工作的意义，但更多强调的是教育的个体价值而有时会忽视教育的社会价值
	（2）入职后其职业理想意识优于入职前，总体上看，职业理想意识还有待提升
	（3）大都满意自己的工作，能够努力负责地把工作做好，但有时会感受到工作中的压力
2. 新任教师的专业认同及自身规划情况	（1）比较认同教师专业化的理念，但认识不够全面
	（2）基本上有近期职业发展目标，但普遍缺乏实现目标的具体明确的行动计划
3. 新任教师的师德修养情况	（1）均高度认可师德对做好教师工作的重要意义
	（2）部分对师德价值的认识存在偏颇，只把师德看作一种对教师言行的外在约束力量
4. 新任教师的团队合作与交流情况	（1）普遍认同团队合作在自己专业成长中的价值
	（2）把团队合作的价值基本上定位为积累教育教学经验方面，导致不能全方位发挥团队合作的价值
5. 新任教师的教育政策、法律法规意识情况	（1）普遍具有基本的教育法律意识，明确意识到自己的言行举止不能侵犯儿童的基本权益
	（2）主动利用法律维护自身权益的意识和能力有待提高
6. 新任教师对待学生的基本态度和行为情况	（1）普遍具有尊重儿童权益的意识，把保护学生的生命财产安全、尊重学生的独立人格作为师德底线
	（2）切身感受到学生个体差异的存在，但有时不能全面辩证地看待这种差异性及其教育意义

续表

维度	表现内容
7.新任教师教育教学的态度与行为情况	（1）普遍认同"立德树人"的理念,但在教学中大多还难以做到将知识学习、能力发展与品德养成有机结合
	（2）能列举出教育学或心理学方面的相关理论知识,但尚未达到自觉自如运用理论指导实践的程度
	（3）认可"学生主体"的理念,注意通过各种办法培养学生的自主学习能力
	（4）高度认可培养学生动手能力、探究精神和合作意识的重要价值,并在实践中形成了较为理性的认识
8.新任教师的个人修养与行为情况	（1）均能以高度的爱心和责任心对待自己的工作
	（2）在工作中学会了更加宽容、耐心地对待学生,并保持一种稳定平和的心态
	（3）普遍具有勤于学习、不断进取的意识,但自主学习和发展的意识有待进一步提高

总之,新任教师职业适应状态和发展态势整体良好,表现为乐于接受先进的教育理念,具有良好的个人行为修养和职业心理素质等。但在专业理念与师德方面,也存在一些不足。如在职业意义理解方面,部分新任教师还没有从服务社会的角度理解职业意义、树立职业理想;在师德认同方面,新任教师尽管高度认可师德的重要价值,但主要将其视为一种外在约束力量,还没有意识到师德是自身加速专业成长、获得职业幸福的内在诉求;在专业认同方面,新任教师还没有完全理解教师职业的专业性和独特性,缺乏明确的专业发展规划意识;在教育教学观念方面,对一些教育理念的理解仍然需要进一步提升。

（二）专业知识维度

在专业知识维度，海淀区新任教师群体表现出如下主要特征（见表2-3-5）。

表 2-3-5　海淀区新任教师"专业知识维度"表现特征

维度	表现内容
1. 学生发展知识方面	（1）了解一般性的学生发展知识，但缺乏学科特色理论的支撑
	（2）对经典的学生发展知识比较了解，但仍低于预期，且更少将这些经典理论付诸实践
	（3）对具有学科特色的学生学习理论，如概念转变理论等，了解很少
2. 学科知识方面	（1）具有相对扎实的学科知识基础，但学科应用知识明显储备不足
	（2）对教学情境素材的关注度较低，比较缺乏对学科知识在实际生活中应用情况的了解
3. 教育教学知识方面	（1）熟悉一般性的教育教学知识，缺乏学科特色教育教学知识
	（2）对合作、探究教学等一般性教育教学理论了解较多，但对于模型建构教学等具有学科特色的教学理论，知晓比例不高
4. 自我发展知识	（1）普遍关注知识与能力方面的自我发展，容易忽视职业理想与信念方面的发展
	（2）在知识与能力发展中，热衷于策略、技巧、经验的积累，相对忽略学科知识的更新和学生心理的研究

概括来说，新任教师在学科专业知识方面有明显的优势，但是在学科知识应用、学科教学知识、学生发展知识、自我发展知识方面存在一定欠缺，这与新任教师中有部分非师范类院校毕业生有关。

（三）专业能力维度

新任教师在专业能力方面的发展比较顺利，基本达到了区域对于新任教师教学基本功的合格标准与要求，主要体现为表2-3-6的内容。

表 2-3-6 海淀区新任教师"专业能力维度"表现特征

维度	表现内容
1. 教学基本功合格	（1）教学语言基本符合学科特色，没有知识性错误
	（2）能根据教学目标和教学内容选择和运用恰当的媒介资源
	（3）普遍关注知识和技能目标的达成，能够围绕重难点实施教学
	（4）注意体现知识的前后联系，能够引导大多数学生完成课堂基本任务或练习
2. 初步具备了以学生为中心实施教学的意识	（1）注意营造和谐融洽的课堂氛围，而不是一味靠主观权威来实施课堂管理
	（2）教学过程中能够创设丰富的教学情境和组织实施多样化的教学活动，从而吸引学生的有意注意和唤醒学生的主动参与
3. 关注教学对于学生多方面发展的意义	（1）注重知识和技能目标的落实
	（2）能够有意识地渗透学习方法指导和进行情感态度与价值观方面的引导，强调学生多方面的发展

同时，专业能力情况的调研结果还表明，新任教师的专业能力还需要进一步提高，具体结论如下。

1. 教学基本功有待进一步夯实

（1）课堂管理能力有待提高，表现为管理手段单一，缺乏变通与艺术性。

（2）对不参与的学生关注不够，不能抓住教育契机进行教育及启发。

（3）教学提问虽然覆盖面较广，但问题普遍较简单，缺乏针对不同水平的学生提出符合其认知发展水平的问题的能力。

（4）教学反馈多为表扬、肯定、鼓励等简单、低层次的方式，不能启发学生的深层次思维。

（5）大都只是按预定教学计划实施教学，欠缺根据实际情况调整教学进程的能力。

2. 教学过于追求形式，实效性有待加强

（1）在组织实施教学活动时，容易片面追求丰富多样的活动形式，往往忽略了活动形式与活动目的、教学内容以及教学目标的达成之间的一致性。

（2）在创设情境时，少数新任教师片面追求激发学生兴趣，以致忽视与教学内容的关联或无助于重难点的突破。

3. 教学理念转化为教学行为的能力还有待加强

（1）能够有意识地创设一些教学情境，但往往流于形式，无益于突破教学的重难点。

（2）普遍关注教学对于促进学生发展的作用和意义，但实际的教育教学效果不是很明显。

简而言之，新任教师在专业能力方面，初步具有了以学生为中心实施教学的意识和促进学生多方面发展的意识，但是在学科教学基本功方面有待进一步提高。

上述对新任教师群体特征的研究结论，为我们科学、系统地整体规划新任教师培训课程，定位培训目标，确定培训模式提供了依据。

第四节　新任教师培训需求分析

"基于行为导向的教师培训需求分析进阶模型"提供了一种细化需求调研和分析的路径。此模型既可以用来分析区域教师整体培训需求，又可分学科来定位学科教师的培训需求。下面以生物学科为例说明模型的应用。

教师群体的理想行为，要在主题方向的基础上进行建构。

一、运用模型进行调研与分析

（一）生物新任教师理想行为

目前，生物新任教师大多来自科研院所，没有经过师范专业的教育。所以不难发现，他们的教育学、心理学和教学法等专业的基础理论相对缺乏，课程论、教学论、学习论等专业知识基础比较薄弱，教学基本技能的必要训练也比较缺乏。即他们普遍需要掌握生物学作为学校中一门课程的知识，需要强化实践性知识，需要把握课标教材的知识逻辑体系、知识组织与呈现方式以及上位的核心概念与方法；需要学科知识的教育学转化以及实践经验的借鉴与分享，也需要从专题科学研究向学科教学研究转化，培养学科教学研究意识。概括起来，生物新任教师的学生学习知识、教学知识、课程知识都很缺乏，教学实践又刚刚开始，借用新任教师访谈中的一句话就是："对于教学，一切都要从零开始。"

依据上述的专业判断，首先将新任教师面临的核心问题——"生物学科教学基本功"作为一级指标，分析借鉴《中小学教师专业发展标准及指导（理科）》纲目中的维度、领域和标准，把学科教学专业知识、促进学生的学习与发展，以及教育教学研究与专业成长作为二级指标；再结合教育部颁布的《中学教师专业标准（试行）》进行分析，从4项专业知识和6项专业能力指标中，挑选与新任教师相关度更大的7项内容，与"教育教学反思与行动研究"共同构成8项三级指标，建构出中学生物新任教师理想行为的初级模型。（见表2-4-1）

表 2-4-1　海淀区中学生物新任教师理想行为（初级模型）

一级指标	二级指标（3项）	三级指标（8项）
生物学科教学基本功	专业基础——学科教学专业知识	1. 关于课程的知识
		2. 关于教学的知识和学科教学的知识
	专业实践——促进学生的学习与发展	3. 设计合理的教学方案
		4. 实施有效的教学活动
		5. 培养良好的学习习惯与指导学生学会学习
		6. 开展多元的学习评价
		7. 促进有效的课堂管理
	专业发展——教育教学研究与专业成长	8. 教育教学反思与行动研究

其次，进行实践分析，即阅读相关文献及进行实际工作职责的调研。这主要包括：查阅《义务教育生物学课程标准（2011 年版）》《普通高中生物学课程标准（实验）》以及新任教师素质特征相关文献；同时，对一线生物学科专业相关者（包括市、区生物学科教研员，一线生物特级教师，生物学科教研组长和教学校长等）进行调研；借鉴《中小学教师专业发展标准及指导　理科》从新手到成熟标准的相关内容，对三级指标进一步展开，形成 45 个要点。

最后，遴选关键指标。经过咨询专家等，对 45 个指标要点进行整合与甄选并对其重要性进行排序，确定中学生物新任教师 30 项理想行为。（见表 2-4-2）

建构的生物新任教师的理想行为，随着实践的过程在不断调整和完善。

表 2-4-2 中学生物新任教师理想行为

二级指标	三级指标	要点描述
专业基础——学科与教育教学专业知识	1. 关于课程的知识	（1）理解课程改革提出的教学理念，熟悉生物学科课程标准对课程性质、课程目标、课程内容以及课程实施建议的规定
		（2）熟悉生物教材的内容、结构及编写思路，有整体把握教学内容的意识
		（3）有使用实验、网络媒体、生活素材和其他教辅材料等课程资源辅助教学的意识
	2. 关于教学的知识及学科教学的知识	（4）了解生物学科的教学理念、教学理论、教学原则和教学策略与方法
		（5）了解生物学科的一般教学过程，能够根据实际情况对教学目标、内容、策略、媒体、评价等进行设计
		（6）了解有关实验（实践）的教学方法，加强实验（实践）教学
专业实践——促进学生的学习与发展	3. 设计合理的教学方案	（7）掌握教学设计的基本方法
		（8）在了解教材的基础上，进行内容分析，明确其教学价值，确定教学重点，关注与其相关的其他知识
		（9）围绕教学内容进行有效的学情分析，确定学习难点，从学生已有的认知水平出发确定教学起点
		（10）合理确定和准确表述"三维"目标
		（11）紧扣教学目标，设计符合学生认知规律的教学流程，教学环节清晰、有效
		（12）了解不同类型知识（事实性知识、概念性知识、原理性知识和技能性知识）的特点和学习策略，采用适当的教学策略
		（13）依据教学目标设计合理的评价内容和评价方式

续表

二级指标	三级指标	要点描述
专业实践——促进学生的学习与发展	4. 实施有效的教学活动	（14）能够规范、合理地使用板书、教具、多媒体和其他现代科技手段等辅助教学
		（15）能够清楚、规范、有效地进行实验演示
		（16）具有基本的课堂控制能力，保证大部分时间用于教学重点环节，完成预定的教学任务，并处理好预设与生成的关系
		（17）合理地实施课堂提问并能够进行必要的追问
		（18）注意观察学生的学习状态，倾听学生的发言，给学生表达困惑和想法的机会，对学生的表现即时反馈
		（19）能够组织学生开展实验探究、小组合作学习等活动，具有一定的调控能力
		（20）积极引导学生自主学习，体现学习的主体性
	5. 培养良好的学习习惯与指导学生学会学习	（21）认识到学习方法在生物学学习中的重要性，注意培养学生的良好学习习惯
		（22）了解自主、合作、探究等有效的生物学学习方式，并能在教学过程中加以运用
		（23）了解生物学科学习特点，树立培养学生创新精神和实践能力的意识
	6. 开展多元的学习评价	（24）具有引导学生参与评价的意识
		（25）关注学生的学习效果
	7. 促进有效的课堂管理	（26）能够维持正常的课堂教学秩序，完成教学任务
		（27）合理调控课堂的时间和节奏；合理调控教学内容的走向
专业发展——教育教学研究与专业成长	8. 推进教育教学反思与行动研究	（28）培养教学反思的习惯，及时总结教学经验
		（29）具有问题意识，经常梳理教学中的问题，并尝试进行解决
		（30）学习教育科研方法，尝试参与课题研究

说明：生物新任教师的理想行为，应用在目前的新任教师需求调研中，并在实践中不断调整和完善。

在需求调研与差距分析时，要考虑优秀教师与新任教师的同一指标要点的对应互证关系。

海淀区中学生物新任教师培训需求调研问卷（优秀教师版）

海淀区中学生物新任教师培训需求调研问卷（新任教师版）

（二）生物新任教师行为差距分析

基于生物新任教师理想行为，我们需要了解生物新任教师学科教学有什么具体问题，以及具体行为差距在哪里。首先，进行生物新任教师学科教学实际行为的调研。采用互证的方式，分别对优秀教师和新任教师进行问卷调查，对生物新任教师的30条指标要点进行客观与主观的分析判断。

在进行具体操作时，对优秀教师主要选取区内一线特级教师、教研组长以及市、区教研员作为调研对象，数量约为生物新任教师的二分之一，通过点击问卷链接以不记名方式填答问卷；对新任教师则选取当年新入职的全部生物教师为调研对象，通过点击问卷链接但是以记名方式填答问卷（目的是方便后续必要的访谈）。回收问卷后，借助问卷网络工具的统计功能，运用量化分析和质性分析相结合的方法，对问卷结果进行统计和分析。

对照理想行为，生物新任教师学科教学的实际行为调研结果（见图 2-4-1）按照差距大小排列顺序[1]，前四位分别是：

要点 30：学习教育科研方法，尝试参与课题研究；

要点 1：理解课程改革提出的教学理念，熟悉生物学科课程标准对课程性质、课程目标、课程内容以及课程实施建议的规定；

要点 7：掌握教学设计的基本方法；

要点 24：具有引导学生参与评价的意识。

---

[1] 选择不符合与不太符合的人次与参与答卷人数的比例为图中百分比，百分比越高说明差距越大。

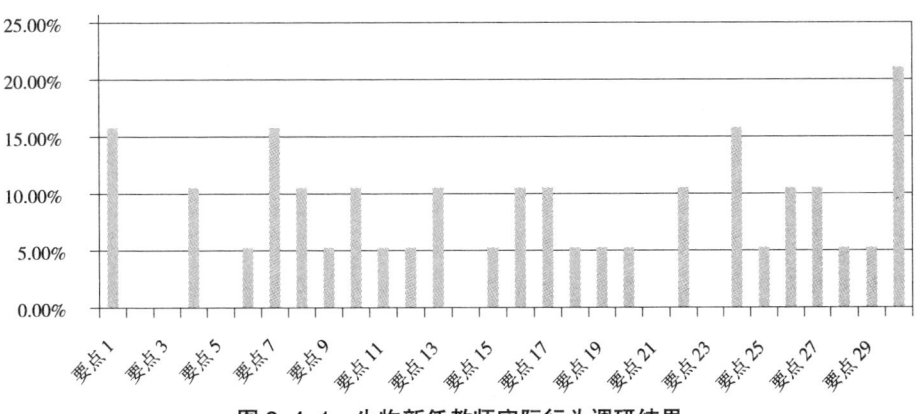

图 2-4-1　生物新任教师实际行为调研结果

在生物新任教师学科教学的实际行为调研结果中，行为差距比较大（百分比超过 10%）的有 13 个要点，比照生物新任教师理想行为的三级指标，通过行为差距聚类分析（把差距较大的指标要点按照三级指标进行归类），我们会发现，优秀教师对于新任教师的客观判断和新任教师的自我主观判断重叠于四个方面：关于课程的知识、设计合理的教学方案、开展多元的学习评价，以及进行教育教学反思与行动研究。（见表 2-4-3）

表 2-4-3　生物新任教师行为差距聚类分析[①]

三级指标	行为差距要点聚类	频次
（一）关于课程的知识	1 项　要点 1	3
（二）关于教学知识及学科教学的知识	1 项　要点 4	2
（三）设计合理的教学方案	4 项　要点 7、8、10、13	9
（四）实施有效的教学活动	2 项　要点 16、17	4
（五）培养良好的学习习惯与指导学生学会学习	1 项　要点 22	2
（六）开展多元的学习评价	1 项　要点 24	3

① 表中的要点聚类是 13 个差距较大的要点按照 8 个三级指标归类后的结果，即对应的三级指标包括 13 个要点中的几项以及哪几个要点；而频次是对应三级指标所涉及的所有要点的选择次数的数量和。

续表

三级指标	行为差距要点聚类	频次
（七）促进有效的课堂管理	2项　要点 26、27	4
（八）进行教育教学反思与行动研究	1项　要点 30	4

（三）生物新任教师培训需求定位

需求定位最重要的不是区分是区级培训还是校本研修，而是要区分不同层次培训的需求重点。

对 13 个行为差距要点进行三级指标聚类分析的同时，也要对行为差距的解决路径进行归因分析。即要区分哪些差距与培训无直接关系，是培训解决不了的问题，哪些差距是培训可以解决的问题；培训能解决的问题中，哪些是主要靠区级培训解决的问题，哪些是主要靠校本研修解决的问题。也就是要暂时搁置培训不能解决或缩小差距的要点，将通过培训能够改进、缩小差距的要点挑选出来，再进一步区分哪些是主要靠区级培训解决的要点，哪些是需要区级与校级共同解决的要点，从而最后定位出区级培训需求。经过对生物新任教师调研结果的分析发现，行为差距相对很大而且主要通过区级培训解决的有：设计合理的教学方案；关于课程的知识；教育教学反思与行动研究；开展多元的学习评价。（见表 2-4-4）

表 2-4-4　生物新任教师培训需求定位聚类[①]

三级指标	培训能解决的	培训不能解决的	主要由校研修训解决（人次）	主要由区级培训解决（人次）
（一）关于课程的知识	1项要点		1	7
（二）关于教学的知识及学科教学的知识			3	5

[①] 要点项以及选择的人次均来自优秀教师实际答卷的聚类统计，浅色表明与表 2-4-3 的新任教师聚类分析相呼应。

续表

三级指标	培训能解决的	培训不能解决的	主要由校研修训解决（人次）	主要由区级培训解决（人次）
（三）设计合理的教学方案	3项要点	1项要点	5	3
（四）实施有效的教学活动		2项要点	6	2
（五）培养良好的学习习惯与指导学生学会学习		1项要点	7	1
（六）开展多元的学习评价	1项要点		2	9
（七）促进有效课堂管理			8	1
（八）进行教育教学反思与行动研究	1项要点		3	7

以上是比照生物新任教师的理想行为，进行 2016 年生物新任教师需求调研与分析，定位区级培训需求的阐述。需求分析的基本结论是：要补充包括教材系统在内的学科课程知识，进行学习者分析，研读课标和教材，提高教学设计能力，加强教学反思，养成教学研究意识，并在实践中提升教学实施能力和学习评价能力。

（四）生物新任教师培训课程的开发

依据以上需求调研的结果，进行 2015—2016 学年海淀区新任教师中学生物学科培训课程的开发。课程建构的基本思路是：以学习者分析为切入口，以典型经验和经典案例为突破口，提高生物新任教师的教学设计能力，使其养成学习评价意识，丰富实践性知识，提高教学反思能力，培养教学研究意识。

1. 培训目标

培训目标是对预期培训结果的描述，也就是在培训结束后希望学员能够达到的标准和程度，这可以体现在三个维度上。第一个是知识维度：围绕主题获取的知识，包括理念性知识、概念性知识以及与岗位相关的信息；第二个是能力维度：提高与培训主题相关的技能，培养问题解决的能力；第三个是理解与体验维度：在交流互动的过程中，学员积极参与，体验培训全过程，加深对培训主题和培训内容的理解，在理解的基础上内化。

例如，"基于学情分析的教学设计能力和教学反思能力提升"主题培训的课程目标如下。

（1）通过研读课标和教材，促进学科知识的教育学转化，提高教学设计能力。

（2）通过学习者分析，促进教育心理学知识的补充与跟进，提高学习活动设计的能力。

（3）通过观课、评课和上课，研究课堂教学，加强教学反思，提高学生学习的过程性评价意识与能力。

（4）通过基本功测评，引领基本功达标，适应生物学科教学工作。

2. 具体课程

培训课程由单元、模块和专题构成。

（1）课程内容包括教学分析、教学设计、教学实施、教学评价以及教学研究五个单元，每个单元包括相应的模块，模块含有对应的专题（见表2-4-5）。

（2）课程类型包括专题讲座、案例评析等理论类课程和听评课、上课等实践类课程。遵循教育部相关文件规定，实践类课程达到50%以上。

表2-4-5　海淀区中学生物新任教师学科培训课程构成

课程单元	课程模块	课程专题举例
教学分析	学习者分析、教学内容分析、课程标准分析	如何进行学情分析
教学设计	学习目标设计、教学流程设计、学习活动设计	如何设计学习活动
教学实施	教学内容调控、学习活动组织、典型经验借鉴	课堂管理技巧
教学评价	学习过程评价、基本功测评	微格教学与评价
教学研究	课堂教学反思研究、小组合作研究	如何落实学习内容

（3）课程逻辑，即课程展开的先后顺序，它遵循人类认知规律以及事物发展的规律。课程内容的编排建构在学员已有的经验基础上，按照做事的逻辑或工作流程逐渐深入递进。也就是说，培训课程要按教学分析—教学设计—教学实施—教学评价—教学研究一体化的逻辑进行，并且理论与实践两条线并举。（见图2-4-2）

海淀区中学生物新任教师学科培训课程

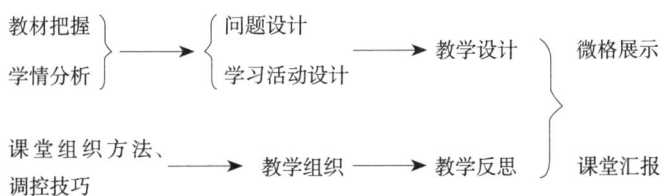

图2-4-2 2016年中学生物新任教师培训课程的逻辑关系

3. 特色课程

针对"学习教育科研方法，开展行动研究"这一需求搭设特色课程，即小组合作开展共同关注问题的微型研究。（见表2-4-6）采取微课题研究和反思性研究的形式来促进中学生物新任教师开展教学研究，迁移和保持研究优势；同时，作为提升教学实施能力的重要途径和手段，促进教师在实践中提升实施能力和学习评价能力。

表2-4-6 2017年中学生物新任教师的微课题研究

组别		微课题
第一组	1小组	教学模型在生物课堂中的应用
	2小组	在实践活动中培养学生的兴趣
第二组	1小组	浅谈初中生物教学中科学探究能力的培养
	2小组	学习内容的落实

续表

组别		微课题
第三组	1 小组	"引桥生物"选课原因及内容设置初步调查
	2 小组	评价先行：构建学生作品评价量表的初步研究
第四组	1 小组	探究性实验的评价形成
	2 小组	高中生物课堂有效提问的实践探讨

我们的思考

1. 实施教师培训需求分析是专业化教师培训的起点，在整个培训工作流程中占有非常重要的地位。

2. 做好教师培训需求分析的两个基本依据是：第一，基于实证调研的数据进行科学的需求分析；第二，调研数据的来源尽量多元，且相互印证。

3. 目前，国内外学者构建出多种多样的教师培训需求分析的方法、模型或工具。但无论采用哪种方式，都需要进行本土化的解读和改造。

4. "基于行为导向的教师培训需求分析进阶模型"聚焦教师的教育教学行为，此模型既可用来分析区域教师整体培训需求，又可分学科定位学科教师的培训需求。

你的思考

第三章
新任教师培训课程设计、实施与体系建构

本章关键问题

1. 如何理解培训课程？

2. 开发新任教师培训课程时有哪些可供借鉴的理论与经验？要注意从哪些方面思考？思考哪些问题？

3. 新任教师培训中适合设计哪些课程内容？具体以哪些方式来实施？

第一节　培训课程设计与实施概述

一、培训课程问题与思考

提到培训课程，有人会想："不就是一张课表，几个讲座吗？"的确，不少培训就是以专家讲座为主，以知名度作为师资选择的标准，并请专家自行决定培训内容。由于请专家不易，就不好在课程上跟专家"提要求"，在校本培训中类似的情况就更常见了。高水平的师资的确能带来一时的好反响，但长此以往却难以留下持续性发挥作用的东西，正所谓"效果由人定，经验跟人走"。

专家主导培训课程也会消解我们工作的专业性。如果课程设计被简化为"排课、请人"，那么我们就很难说自己在从事一份专业的工作，也难保在未来不会被替代。要改变这种情况，我们需要：思考课程定位与目标；规划课程内容与形式；精致培训活动与任务。我们要让自己成为影响培训课程质量的重要因素之一。

┄┄┄ 资 源 链 接 ┄┄┄┄┄┄┄┄┄┄┄┄┄┄┄┄┄┄┄┄┄┄┄┄┄┄┄

"课程"（curriculum）由拉丁文"currere"派生而来，意为"跑道"。由此推演，课程即为学生设计的不同轨道。后有研究者强调"currere"的动词形式，意为"奔跑"。此种观点更强调学习者经验的独特性和认识的自我建构。[1]

┄┄

---

[1] 施良方.课程理论：课程的基础、原理与问题 [M].北京：教育科学出版社，1996：3.

作为课程的设计者和实施者，我们应对"课程"本身有所了解。课程一词最常见的定义是"学习的进程"[①]。在学校中，课程包括学校所教的各门学科和有目的、有计划的教育活动。对于教师培训课程而言，它同样有不同的领域和专题，这些领域和专题构成学习者的"跑道"；它也应当有周密计划过的学习活动和任务，为参与者的学习提供支持、动力和指导，鼓励学习者"奔跑"。

课程设计与实施是一项系统的、具有挑战性的任务。学校课程的计划、课程标准和教材已经由国家提供，教师的主要工作是理解和实施课程。而对教师培训课程而言，我们需要自己来做系统的思考，把握课程目标，设计课程内容，创新课程形式，最终促进课程落实。有没有合适的理论，能够指导我们设计和实施培训课程呢？

二、课程及课程开发的理论简介

关于课程的理论和研究浩如烟海，本章仅选取与课程设计紧密相关的一些重要理论，推荐给大家，如有兴趣可以自行查询和深入研究。

在众多的课程理论和课程研究者中，泰勒 (Tyler) 及其著作《课程与教学的基本原理》（*The Basic Principles of Curriculum and Instruction*）是本章重点介绍的内容。泰勒被誉为"现代课程理论之父"，他提出的泰勒原理奠定了现代课程理论的基础。从课程开发的角度看，泰勒开创了"目标模式"——以目标为基础和核心，围绕课程目标的确定、实现和评价而进行的课程开发模式。

鉴于培训课程设计的需要，本章还将介绍课程的层次，以及课程目标的取向等基本课程问题，作为理解课程理论的基础。

---

① 施良方 . 课程理论：课程的基础、原理与问题 [M]. 北京：教育科学出版社，1996：3.

1. 课程的层次

美国学者古德莱德（Goodlad）认为存在五种不同的课程：理想的课程（ideal curriculum）；正式的课程（formal curriculum）；知觉的课程（perceived curriculum）；运作的课程（operational curriculum）；经验的课程（experienced curriculum）。其中理想的课程指由一些研究机构、学术团体和课程专家提出的应该开设的课程。正式的课程指由教育行政部门规定的课程计划、课程标准和教材。知觉的课程指任课教师所领会的课程。运作的课程指在课堂上或课外实行的课程。经验的课程指学生实际体验到的课程。[①]

古德莱德的课程层次，可以帮助我们定位自己的工作，发现可以进一步完善的方向。我们日常所做的课程设计与实施，通常是"知觉的"和"运作的"两个层次的课程。"理想的"和"正式的"两个层次往往是缺失的。大部分教师培训机构还没有系统、正式的培训教材。2017 年 11 月 15 日，教育部发布了《中小学幼儿园教师培训课程指导标准》，其中包括语文、数学、化学 3 个学科，这是国家层面的教师培训课程标准，为系统性地开发培训课程提供了重要的依据，意义重大，值得我们高度重视。

古德莱德的课程层次还提醒我们，课程目标、设计、实施、效果之间是存在差异的，从"正式的"到"经验的"课程，如果我们不进行一致性把控和调整，则很容易出现"衰减"或"走样"。反之，如果我们在落实目标的基础上，用自己的创造力和引导力进行干预，也可能使"经验的课程"比预期的更为丰富和优质。我们的主观能动性就体现于此。

2. 课程目标的价值取向

美国课程理论专家舒伯特（Schubert）将课程目标的价值取向分成普遍性价值取向、行为目标取向、生成性目标取向和表现性目标取向。普遍性价值

---

① 钟启泉 . 现代课程论 [M]. 上海：上海教育出版社，2015：229.

取向是指基于经验、哲学、意识形态或政治需要而引出的教育宗旨或原则。行为目标取向是指以具体的、可操作行为的形式来陈述的课程目标。生成性目标取向是指在教育情境中自然生成的课程目标，是问题解决的结果。表现性目标取向是指在教育情境中个性化的创造性表现。[①]

从普遍性价值取向到表现性价值取向，生成性和差异化越来越被重视，这也被视为一种进步。对于我们而言，不同的课程目标取向都是有意义的。目前很多培训课程目标存在着模糊、不可测量、与主题不一致等问题，因此，普遍性价值取向和行为目标取向对我们设计课程目标有现实意义。而生成性目标和表现性目标，因为难以预设，只能内隐在课程中，在我们引导教师学习时发挥作用。

3.泰勒原理及其对培训课程的启示

"现代"课程理论之父泰勒提出了泰勒原理。开发任何课程都必须回答四个基本问题：第一，学校应该试图达到什么教育目标；第二，提供什么教育经验最有可能达到这些目标；第三，怎样有效组织这些教育经验；第四，如何确定这些目标正在得以实现。[②]这四个基本问题可以被看成设计课程的四个步骤或阶段：确定目标；选择经验；组织经验；评价结果。[③]虽然泰勒原理是针对面向学生的课程和教学计划提出的，但对于新任教师培训课程的设计与实施来说，它也具有借鉴意义。

（1）确定目标。

确定目标是课程开发与设计的出发点。泰勒认为，如果要系统地、理智地研究某一课程时，首先需要确定所要达到的各种教育目标。要确定教育目标，需要基于三个方面的信息：对学生的研究；对现代生活的研究；学科专

---

① 怀章翠.回顾与展望：课程目标的价值取向[J].江苏教育研究，2009(6)：30-33.

② 泰勒.课程与教学的基本原理[M].施良方，译.北京：人民教育出版社，1994：2.

③ 施良方.课程理论：课程的基础、原理与问题[M].北京：教育科学出版社，1996：13.

家的建议。由于时间有限，还要对由此产生的大量目标进行筛选，剔除不很重要的、相互矛盾的或学生难以达到的目标。泰勒建议用教育哲学（办学宗旨）和学习理论（学习心理学）作为两个"筛子"对目标进行过滤。（见图3-1-1）

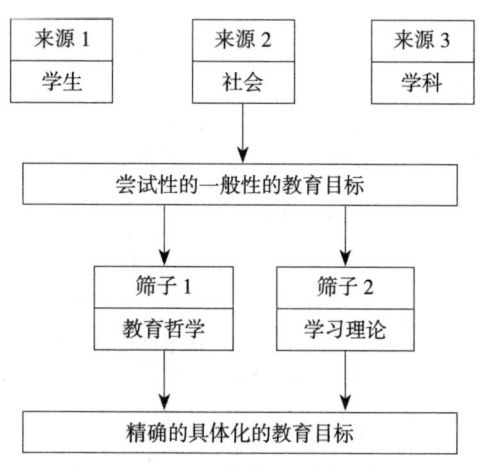

图 3-1-1　教育目标的确定

对教师培训课程，特别是需求导向的教师培训课程而言，泰勒原理提出的目标确定方法是非常有价值的。学生、社会、学科三个来源，实际上对应着教师需求分析中的个人需求、组织需求和岗位需求三个维度。而需求导向的教师培训的难题之一，就是培训目标的筛选和聚焦。成人学习理论、教师发展阶段理论、课程改革的导向以及本培训单位或学校的教育理念与宗旨，都可以作为确定培训目标时的"筛子"。对新任教师的培训课程而言，设计课程目标时应重点关注职初阶段的教师特点和基本任务，以及这一阶段在教师生涯中的重要意义。设计时既要满足新任教师"站稳讲台"的生存需求；也要渗透、引导新时代的职业观和教育理念，满足其未来发展的需求。

（2）选择经验。

通常我们关注的是课程内容，而泰勒则强调学习经验的重要性。学习经验是指学习者与他做出反应的环境中的外部条件之间的相互作用。他指出，学生的学习取决于他自己做了些什么，而不是教师做了些什么。那么如何为学生提供有效的经验呢？泰勒的回答是，教师的任务是要通过建构情境来控制环境。

泰勒的主张实际上点出了目前教师培训课程的不足之处——我们对教师的参与和学习体验关注不足，外在表现就是培训形式单一，互动性弱，实际体验和问题解决的机会较少。泰勒提出的选择经验的一般性原则，首先就是为了达到某一目标，必须使他（学生）有机会实践这个目标所隐含的那种行为的经验。这非常值得我们反思。以职业理想与师德方面的培训为例，讲座或宣讲的方式往往效果欠佳，原因之一就是没有为教师创设那种具有感染力的情境，以及让他们体验师德和职业精神的机会。再如，以单纯讲授的方式培训"合作学习和探究式教学"，也是课程目标与活动经验不匹配的课程设计。[①]

·····资源链接······················

选择经验的一般原则

1. 为了达到某一目标，必须使学生有机会实践这个目标所隐含的那种行为的经验。

2. 学习经验必须使学生由于实践目标所隐含的那种行为而获得满足感。

3. 学习经验所期望的反应是在学生力所能及的范围之内的。

4. 有许多特定的经验可用来达到同样的教育目标。

5. 同样的学习经验往往会产生几种结果。

···

① 泰勒. 课程与教学的基本原理 [M]. 施良方，译. 北京：人民教育出版社，1994：23.

　　其他原则，如"资源链接"中第 2 条关于学习经验给学习者带来满足感的原则，提示我们不仅要关注内容和方法等理性课程目标，同时也要关注课程带给新任教师的感受和体验。例如新任教师往往会在教学和课堂管理方面存在焦虑和困扰，因此，减轻焦虑感、放平心态、树立信心等感性目标也应该被重视。第 3 条关于力所能及的原则对新任教师培训课程的设计也很重要。例如在学情分析培训专题中，让新任教师研讨分析学情的方法、增强关注学情的意识都是合理的预期，但要求新任教师准确把握学情就不太现实。

　　（3）组织经验。

　　"为了使教育经验产生积累效应，必须对它们加以组织，使它们起相互强化的作用……它极大地影响着教学的效率，以及主要教育变化发生在学习者身上的程度。"[①] 正如泰勒所言，内容和经验的组织是培训课程的关键之处，也是我们自身专业性的重要体现。好的课程将使学习经验相互强化，形成经验结构甚至改变思维方式；而零散的、随意的甚至是矛盾的经验，则使学习者产生困惑。那么如何有效组织学习经验呢？

　　泰勒提出了学习经验组织的三个准则：连续性；顺序性；整合性。其中连续性是指主要课程要素的重申，即在后续的课程中再现之前的经验。顺序性则强调发展，后面的经验要对相关内容进行更深入、广泛的探讨。整合性强调多学科课程之间的横向配合。

　　对教师培训课程而言，连续性和顺序性是非常关键的，是整个课程的逻辑线索，影响学习者的学习效果。某些核心的、思路框架性的内容要反复出现，并且在分析和解决问题时不断发展。比如，以"学科核心素养"为培训课程专题，在教学分析、设计与实施等不同阶段都可以设计相应的讨论活动：在分析阶段，它会给教师带来怎样的新视角？如何基于素养确定目标？

---

① 泰勒 . 课程与教学的基本原理 [M]. 施良方，译 . 北京：人民教育出版社，1994：23.

在设计阶段，素养导向的课堂需要怎样的情境、问题、活动和学习评价？在实施阶段，它又对教师的课堂行为提出哪些新的要求？除了讨论之外，素养导向的教学观摩与研讨也是必要的。在这个培训课程专题中，"学科核心素养"在不同的问题中被重申，教师从不同的角度理解它、分析它，并且从理论到实践不断体会与思考。

泰勒还指出，经验的组织是有层次的。在学校中，课程的最高层次是学科课程、跨学科课程（广域课程）等，中间层次是学期或学年课程（例如必修、选修模块），最低层次是课或单元。由于教师培训课程的课时通常较学校课程更短，因此教师培训课程的层次跨度更小一些。最高层次应当是主题课程，这一层次可能超越某一期的培训内容，主要反映某个工作领域（如课堂教学、教育管理）的基本理论、先进经验与发展路径。中间层次可以是专题或模块，是几节课的有机组合，集中体现某种专项能力或教师素养，或解决某个工作问题。最低层次可以是课，甚至是课内具有独立功能的学习活动。

····资源链接····

学习经验组织的层次[1]

最高层次：具体科目；广域课程；核心课程；完全未分化的结构。

中间层次：按序列组织的学程；以一学期或一学年为单位的学程。

最低层次：课；课题；单元。

学习经验组织的层次也指向了目前教师培训课程的痛点——空有课程名称（相当于中间层次），向下缺乏课程内部的精细结构，向上缺乏整体规划，

---

[1] 泰勒.课程与教学的基本原理[M].施良方，译.北京：人民教育出版社，1994：78-79.

难以逐渐形成基本理论库、问题库和策略案例库。"空心化"的课程设计是专家主导培训课程的必然结果，也是同主题课程之间不可比较、缺少互补，难以不断生长、完善的原因。也无怪乎有人认为培训课程设计就是"排课"。

无论是哪个层次的课程设计，泰勒都提醒"逻辑组织"与"心理组织"有时是不同的；不仅要关注内容的逻辑，也要考察学习者的学习心理。例如，历史学科中，"按年代顺序组织（教学内容）通常不能令人满意"①。在培训课程设计中，理论后置，起始课程以激发动机为主要目的，才可能是合理的课程组织。

（4）评价结果。

在评价结果部分，泰勒提出"界说目标""确定评价环境""设计评价手段"和"利用评价结果"四个步骤评价课程。可基于"二维分析"（双向细目）来界定并明晰课程目标，并通过多种方式进行评价。泰勒提出的"评价结果"，主要针对的是学生的学习，其方法在目前的考试命题中被广泛应用和发展。对于教师培训而言，通常没有机会来对所有培训内容进行系统的评价。从参加培训的教师的角度，这种评价方式也是难以实施的。但如果简化处理，借鉴"二维分析"的思路，从研修内容和水平要求等不同侧面，对研修课程进行打分式评价，还是可以实现的。

泰勒原理是课程研究的经典理论，对我们理解课程有重要的帮助。但泰勒原理直接回答的是学校课程的问题，而非教师培训的问题，因此还需要结合成人学习的规律，以及对教师职业的分析与研究，才能更好地进行教师培训课程的设计。另外，值得我们关注的是，泰勒原理非常强调既定的课程目标，这在课程研究中也是存在争议的。英国课程理论家斯滕豪斯（Stenhouse）就认为，课程的核心是活动本身，他认为"人们可以通过详细

① 泰勒.课程与教学的基本原理[M].施良方，译.北京：人民教育出版社，1994：78.

说明内容和过程中各种原理的方法，来合乎理性地设计课程，而不必用目标预先指定所希望达到的结果"①。斯滕豪斯由此提出了课程开发的过程模式。斯滕豪斯的理论揭示了课程的开放性，并非所有目标都可以事先设定妥当的，特别是高水平的教师培训课程，更应该是在有意义的活动中生成内容，而非事先预设的。

总而言之，培训课程远不是一张课表那么简单，我们如何理解培训课程，实际上反映出我们如何看待培训者这个职业。培训课程可以被视为联结教师需求和经验资源的纽带，是我们施展才能的舞台，值得深入思考、不断研究与实践。

第二节　培训课程设计与实施的六要素模型

一、培训课程中的要素

（一）什么是培训课程中的要素？

俗话说"外行看热闹，内行看门道"。我们分析培训课程时应该有自己的"看点"，应该有稳定的、独特的视角。这就需要了解培训课程中的要素。这里所说的要素不是某种培训模式，也不是注意事项。它是从不同培训中概括出来的，在设计和实施培训时需要考虑的基本角度和关键问题。这些要素超越某个具体的培训，既是分析、比较不同类型培训的一把尺子，也是设计、实施培训课程的指导。

（二）概括要素的基本思路

研究课程要素要指向培训课程设计与实施这项工作，要研究相关的参与

---

① 石伟平，周加仙. 斯坦豪斯课程理论概述 [J]. 外国教育资料，1999(2)：41-47.

者，分析不同的人在培训中起到的作用。这就是我们研究课程要素的基本思路。通常来说培训课程涉及三个相关方：培训设计者、实施者和参与者（学员）。培训设计者掌握着方向，他负责将组织和社会的要求转化为具体的、可操作的、有功能的培训课程；培训实施者（有时是设计者自己来承担）掌握着学习资源和专业支持，为实现培训目标，通过讲解、举例、演示、点评、组织讨论、指导等方式，为参与者提供学习支持；参与者掌握着学习需求，他们带着自己的经验和问题投入培训，目标是获得新的认识，以及解决他们自己的问题。不同相关方掌握的独特信息，是提出培训要素的思想源头。

　　培训课程是一个整体，各要素在这个整体中相互影响——形成合力或者相互制约。从问题的反面入手，关注可能相互矛盾的因素，或者可能造成效果衰减的因素，是分析培训要素关系的基本思路。通常来说，不同的需求之间可能存在矛盾，教师需求和领导部门的要求之间可能存在差异，需求和课程容量上可能无法匹配，专家之间的观点可能并不统一，有限时间内的专家活动与学员活动可能也存在分配难题。造成效果衰减的因素包括时间间隔带来的遗忘效应，话语体系不同带来的理解困难，理论与实践差距造成的效果损耗，以及培训内容与实践需求不一致带来的产出损耗等。这些矛盾的和造成衰减的因素是我们分析课程要素关系时需要重点考虑的内容。

> 培训课程，最终希望把参与各方的有用信息有机结合起来，形成合力。

二、培训课程设计与实施的六要素模型

　　培训中不同的人掌握着独特的信息，包括培训的方向、资源和需求等。结合培训课程设计的工作需要，海淀把对这几方面的思考融入培训设计与实施的各个环节，提出了六要素模型。每个要素都是对相应环节的思考，力图概括相应环节培训者应当关注的角度，并提出设计时的注意事项。

　　课程设计与实施的六要素模型如图 3-2-1 所示。其中，需求、主题和内

容是课程设计三要素，任务、团队和学员是课程实施三要素。下面是对六要素内涵的解读。

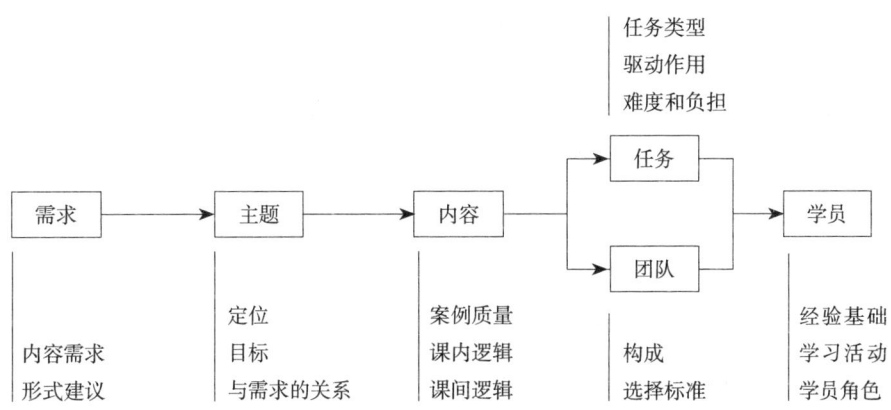

图 3-2-1 课程设计与实施六要素模型

（一）需求

需求是课程设计的起点。需求分析的模型和步骤已经在前一章中进行了详细的阐述。课程设计应充分利用需求分析的结果，使课程体现、回应和解决发现的需求。从需求和课程的关系角度看，我们希望重申一些需求分析中提到的重要观点，以便培训者能进一步理解需求分析结果对课程设计的价值和帮助。

在需求分析获得的大量信息中，我们需要找到对课程内容设计有帮助的信息，以及对课程形式设计有帮助的信息（例如，学习方式倾向、是否愿意展示或承担研究课等）。这就需要在设计调研工具时，提前规划相关内容。

另外，教师报告的需求不等于真实的需求，其中可能包含着个人看法、情绪甚至偏差认识。进行课程设计时，培训者一方面要对教师报告的需求加以聚类、甄别和整合，另一方面需要感受需求背后的情绪和倾向性，例如焦虑情绪、外向归因等很可能出现在处于生存期的新任教师报告中。这些内隐的信息，对培训者设计课程也有帮助，例如可以帮助培训练者判断是否需要设计心态调适的课程或环节。

（二）主题

主题的确定实际上是对需求的整合。由于资源和时间的限制，几乎每个培训都不可能满足教师的各方面需求，取舍和妥协是必要的。因此，我们需要一些"筛子"对需求进行进一步的筛选和甄别。培训的组织部门通常会提出一个既定的方向。这个方向代表了组织和社会对教师培训的期待和要求，可以作为我们的"筛子"之一。教师发展的阶段规律与任务是培训者的另一面"筛子"，对于明显不属于该阶段的需求，就可以暂缓处理。

在考虑主题要素时，培训者还应对培训主题进行拆解。如果培训主题可以拆解为几个清晰的目标，那么培训主题就容易被落实，容易转化为具体的培训课程。如果主题很难被拆解，就说明该主题的可行性不强。

（三）内容

内容是培训课程设计中最具体、最需要系统化设计的要素。内容要素服务于培训主题和目标，是一系列必要的理论、经验和资源的集合。在很多培训中，内容是由主讲者决定的，这就容易使课程内容偏离培训主题，而且多个主讲者之间往往不会交流，课程内容也会因此变得零散。我们提出的内容要素，强调培训者要基于主题，提前研究和规划培训的结构以及要讨论的若干关键问题。这样做的目的是让培训者掌握课程设计的主动权和决策权。

考虑内容要素时，我们通常需要关注微观、宏观两个层次。从微观层次看，要关注培训目标与课程核心问题、理论、策略、案例等的协调性和一致性。例如，核心问题是否聚焦，理论与实践策略是否匹配，是否有典型的案例等。从宏观层次看，要关注课与课之间的组织安排，关注课程的内容逻辑以及学习者的心理逻辑。例如，"发现不足、产生需求、提供支持、解决问题"就是典型的符合心理逻辑的课程安排。

（四）任务

任务是培训者与教师共同经历、完成的研修活动。任务既包括贯穿整个培训的大任务，也包括每次培训中的具体任务。任务的基本功能是促进教师把所学整合起来，应用于任务问题的解决。因此，考虑任务要素时，最值得关注的是其驱动作用。如果任务能贴近教师的实际工作（如教学设计），任务产品能服务于教师的工作（如作业设计），同时任务与培训目标之间有紧密关联，那么任务的驱动性就会比较强。

此外，在考虑任务要素时，我们还应关注任务的类型。任务的类型包括探查、检测、促进行为转化等。探查类任务意在了解学员的基础，确定培训的起点，因此探查类任务通常在培训前安排。检测类任务意在了解学员学习的效果，便于我们评价并为学员提供帮助。促进行为转化类任务，顾名思义，其目标是促使学员把所学应用在实践中，增强培训的实用性。检测类和促进行为转化类任务通常在培训过程中或最后实施，但任务的要求要在培训开始时就告知学员，以发挥其驱动作用。

任务不宜过多、过难，否则容易使学员产生焦虑和反感情绪。因此，难度和负担也是我们考虑培训任务要素时需要关注的角度。

（五）团队

指由培训者和各方面专家组成的团队。团队在培训中提供学习内容、引导学习、倾听和帮助学员。团队是师资的"加强版"，团队要素强调不同角色的配合与合作，特别是我们自身应在其中发挥作用。从团队角色的分工看，专家是理论和经验的提供者，分析和解决学员提出的问题；我们是组织和引导者，负责解读培训目标，与专家沟通，倾听了解学员的疑惑和诉求等。

在组建团队时，我们一方面需要考虑团队的构成，尽可能让团队多元化，让团队中兼有理论研究者和实践者；另一方面，团队成员的选择不能只看经验背景，还需考虑专家多方面的能力。专家既要提供智力和学习资源上的支持，也要激发学习者的参与热情，营造平等、安全的氛围，倾听学习者的意见和困惑，提供情感动机上的支持。

（六）学员

在思考学员要素时，我们应考虑学员的经验基础、学习倾向以及学员在培训中要经历的活动等。培训内容应适应学员的经验基础，如新任教师需要具体的案例和明确的要求，骨干教师需要更大的空间和挑战性的任务。学员的学习倾向也是需要考虑的因素，学员对于讲座、讨论、研究课、案例分析等学习方式的偏好，以及对在线学习是否习惯，都会影响培训的质量。

学员经历的学习活动，对我们来说是一个容易被忽略的视角。培训活动归根结底需要让教师的学习真实地发生，分析他们的学习经历和学习体验也是必要的。通常来说，学员在培训中可能作为倾听者、发问者、讨论者、实践者。培训课程应在时间和活动安排、学习要求、任务设计方面，给学员提供多样丰富的角色体验机会，避免只让学员作为培训中的倾听者。

总之，六要素之间不是孤立的，而是同课程设计与实施的流程紧密关联在一起的。课程设计的三要素中，需求是起点，主题是纽带，内容是核心。

> 课程要素为培训者提供思考角度，用于自我提醒，或者解读他人的课程。

课程设计三要素解决的是大量需求与有限课程内容之间的矛盾关系问题，教师个人需求和应然需求（组织需求、成长规律等）的统一问题，以及课程内容之间的逻辑和组织问题。

任务、团队和学员是课程实施的三要素。对于给定的课程内容，这三个要素会影响培训实施的质量。培训实施三要素中，针对学员要素最重要的是，我们要转变对培训实施的看法，把学员而不是专家作为培训实施的核心，把优化学员学习经历和体验作为服务的目标。任务和团队则是从不同角度拆解和落实内容要素。任务要素是要让学员明确学习目标，驱动学员将所学转化为实践；团队要素重在基于需求和内容要求，提供有针对性的学习资源以及多样化的专业支持。

第三节 新任教师培训课程设计与实施

关于新任教师培训课程与设计的应用，本节将以化学学科为例，阐述六要素模型的具体应用。

一、依据需求要素，获取有效信息

需求是培训的起点，调研是了解教师需求的重要手段。但面对新任教师培训，我们常常不太愿意做需求调研。一方面是因为新任教师的共性问题多，规律性较强，容易把握；另一方面是因为新任教师反馈的信息很多是无效的，参考价值不高，因此，我们常常误认为调研新任教师的需求是"不划算"的。

实际上，调研新任教师的需求还是很重要的。以海淀区化学新任教师的情况为例，目前很多综合类大学毕业生投身于教师行业，新任教师的专业背景、学历结构发生了很大的变化。新任教师的知识结构存在比较明显的差异，相当比例教师的学科本体性知识比过去扎实，但教育学、学习心理学知识存在欠缺。而且由于学校情况不同，新任教师除了一般性的困难外，也遇到了很多具体困难。可见对新任教师进行调研还是必要的。

我们在前面需求要素中强调过，对新任教师的调研要注重需求信息的处理，具体包括聚类和甄别。图 3-3-1 是 2015 年海淀区化学新任教师的需求信息，调研选项包括教学基本功的不同方向。我们可以看出，需求主要集中在"课堂提问及设计"与"学习活动和学生任务设计"方面；"重难点把握"

与"学情分析"次之。

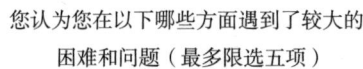

您认为您在以下哪些方面遇到了较大的
困难和问题（最多限选五项）
答题人数 16

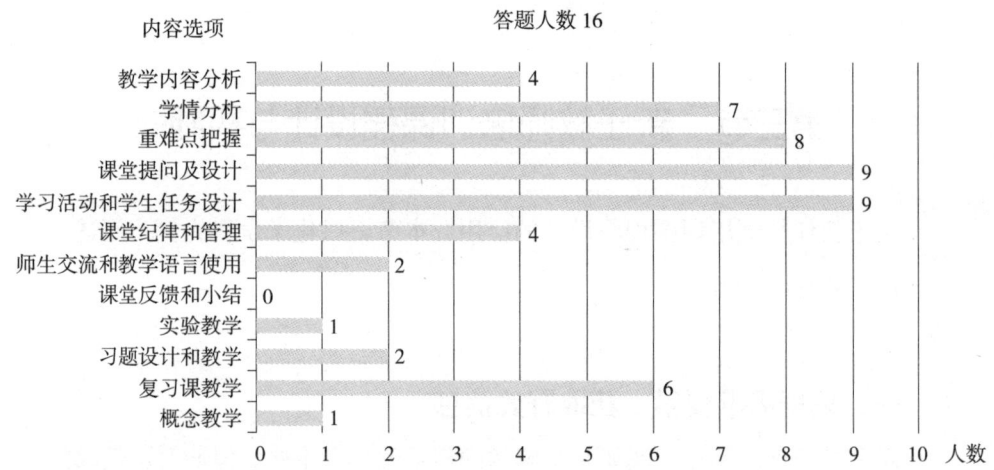

图 3-3-1　2015 年海淀区化学新任教师的需求调研结果

为了发现更多有效信息，我们对需求进行了"聚类"。按分析能力、设计能力和实施能力三个维度将新任教师的困惑分类，选取典型的困惑和问题汇总于表。（见表 3-3-1）对需求聚类后我们可以发现，新任教师自我判断的困惑主要是分析和设计层面的，实施层面相对来说困惑较少。我们需要首先对这一情况做出判断，因为海淀区化学新任教师在参加学科培训前，已经经历了通识培训，并且有了半年的教学实践经验，对一些最基础的教学基本功可能已经比较熟练，因此这个结果是符合我们预期的。但如果是上个学期进行的调研，我们就会对这样的结果产生质疑。

表 3-3-1　2015 年海淀区化学新任教师部分典型需求与困惑聚类

维度分类	新任教师困惑的描述	对新任教师困惑的概括和分析
分析能力——学情分析、重难点把握	★孩子们的理解能力不一样，有的时候抓不准孩子们的理解难点在哪里 ★对学生的学习情况把握不准 ★很多知识点反复讲，但学生仍反复错，在每次重复时感觉学生已听烦了，但他们一做题还是会错，不知道如何能够落到实处	★对学生常见难点不了解，缺乏对学情的积累 ★缺乏学情分析的方法
设计能力——问题设计	★设计的问题不够巧妙，指向性不够明确。希望在以后的教学中设置有趣、新颖、巧妙的问题 ★提出的问题如何能让大部分学生充分思考，而不是某几个学生立即就能脱口说出答案，从而令其他学生停止思考 ★课堂提问中，有时候提的问题指向性不明确，没能有效地引导学生进行有方向性的思考	★可能并不清楚教学的目标 ★问题本身的难度、逻辑关联把握不当 ★对常见的任务类型不了解 ★缺少提问的策略
设计能力——活动设计	★在教学过程中该如何针对学生的问题和障碍点设计教学中的活动和任务 ★设计学生活动时，想让学生分组设计燃烧和灭火的活动，但是不易组织；分组后，个别学生的参与度不够，活动流于形式	★活动的目标可能不明确 ★活动中的具体任务、学习要求可能并未说明

由于调研问题中明确要求了"结合实例"说明自己的困惑，所以这些描述是比较具体的，我们需要在此基础上进一步判断。例如，"提出的问题如何能让大部分学生充分思考，而不是某几个学生立即就能脱口说出答案，从而令其他学生停止思考"之类的问题，我们应该意识到，学生表现背后很可能是问题本身的难度不当，问题的思考空间过小。这是真正需要通过培训来解决的问题。

二、把握主题要素，聚焦核心问题

如果调研是比较开放的，那么教师的需求可能五花八门。此时我们需要有定力、有依据，不可完全被需求信息左右自己的判断。我们要基于需求并不是"唯需求论"，不能把教师汇报的需求直接作为培训内容。要重视教学规则、教学理念、教师发展规律等需求。

之前提到，面对大量需求信息，我们需要一些"筛子"，最终才能确定培训的主题。主题要素中提示："教师专业发展阶段规律""组织和社会的需要"、教师专业标准等都可以作为"筛子"。对于新任教师培训来说，"教师专业发展阶段规律"是最重要的筛子。职初阶段最关键的是"站稳讲台"，掌握扎实的教育教学基本功，缓解"生存焦虑"。培训调研应紧密围绕这个大方向来展开，不宜追热点、任意扩展调研内容。海淀一直以来将"学科教学基本功提升"作为新任教师学科培训的主题（此前已进行了通识培训）。这个主题不仅体现了新任教师"职初阶段"的基本任务，而且和下一阶段的主题"学科教学关键问题"有比较好的衔接。具体到化学学科，培训主题是"从分析到设计一体化的教学基本功提升"。这个主题整合了化学新任教师在分析和设计方面的需求，聚焦分析和设计之间的关联。

主题要素同时要求有明确的培训目标。以海淀区化学新任教师培训为例，我们在教学理解方面提出的培训目标为：第一，教学既是科学也是艺术，从分析到设计体现理性，从设计到实施则充满艺术和随机应变；第二，分析是起点，既要分析教学内容，明确去往何方，也要分析学情，明确从何开始，以及规划课、节、章、模块教学目标；第三，提问、学习活动和课堂评价要紧密结合学生起点和教学目标而设计，有梯度，有递进。在教学行为方面要落实的培训目标为：第一，能进行较翔实、有思考的内容分析和学情分析；第二，能基于不同知识类型和教学分析的思考，比较具体地描述教学目标，比较准确地确定重难点；第三，能设计有内在逻辑的问题以及有层次和有针对性的学生活动，并且与之前的分析保持一致。

三、基于内容要素，梳理课程逻辑

内容是主题和目标的具体化。在设计课程内容时，宏观层面要考虑内容要素提到的内容逻辑，以及新任教师学习的心理逻辑；微观层面要考虑理论、策略、案例分析之间的一致性。表 3-3-2 是海淀区化学新任教师培训的课程内容。

表 3-3-2　海淀区化学新任教师培训课程内容

模块	课程内容	课程形式	回应的需求
启动	新任教师专业发展规划与教学基本功	互动讨论 + 案例分析	
内容分析到问题设计	不同类型化学知识的内容分析与提问设计	案例式讲座 + 实践	不同类型的内容，如何做内容分析（通常被忽略）
	常态研究课和内容分析研讨	研究课 + 互动讨论	实际教学中的问题设计
学情分析到活动设计	学情分析的角度与方法	案例式讲座	如何把握学生的学情和学习难点
	常态研究课和学情分析研讨	研究课 + 互动讨论	实际教学中把握住学情和学习难点的效果
	学习活动设计的整体规划和层次	互动研讨 + 案例分析	如何把内容和学情分析的结果转化成活动
	常态研究课和学习活动设计研讨	研究课 + 互动研讨	实际教学中活动的设计与实施
检测与交流	初中组基本功测评	说课 + 微格教学	
	高中组基本功测评	说课 + 微格教学	
	总结交流和基本功测评反馈	案例分析 + 分组交流	

从上表中可以看出，课与课之间实际上有两条线索。一条是"内容分析到问题设计"，另一条是"学情分析到活动设计"。每一条线索内部，又可以根据学员的学习心理，设计理论指导、案例研讨、研究课实践等课程内容，并在最后通过基本功测评检验所学及进行反馈交流。这样，海淀的培训者就把调研中发现的问题和需求，转化成了新任教师的培训课程。

四、关注任务要素，发挥驱动作用

任务驱动在高质量培训中是非常必要的，任务的设计和实施重在一个"巧"字。好的培训任务既能带动培训学习和应用，又不应给教师带来过多的负担。这就需要关注任务要素中的任务类型（包括探查、检测、促进行为转化等）。以海淀区化学新任教师培训为例，培训者通常在培训前收集新任教师的教学设计，从中发现真正需要培训的东西，这是一种针对学员进行的、典型的探查性任务。例如，表3-3-3中呈现的就是某新任教师教学设计的片段（分析部分）。

表 3-3-3　新任教师教学设计片段

课题：燃烧与灭火	
教学内容分析	本课时教学内容的功能和地位：燃烧和灭火将化学学科知识与社会知识内容和生活实际紧密联系，课题内容的呈现从燃烧现象和实验入手，通过实验、观察现象、分析得出结论的方法来探究燃烧的条件和灭火的原理。从燃烧的条件归纳灭火的原理，使学生认识到，对生活中一些现象的解释以及日常所使用的方法都有科学依据，它们都来源于科学知识和原理，从而体现化学的应用价值
学情分析	学生在日常生活中早已接触到了燃烧现象，在学习氧气时又观察了木炭、硫、红磷、铁丝、蜡烛等物质的燃烧，而且还知道氢气不纯遇到明火会发生爆炸。学生对于燃烧的定义有了模糊的印象，很多生活经验也能够帮助学生了解燃烧是有条件的。只不过他们还没有形成比较系统、规范的概念和方法而已

通过这个任务，我们可以发现值得关注的问题。例如，新任教师在内容分析中缺少对变量控制思想的关注，学情分析中缺少易错点和障碍点的角度。我们可以把这些资料提供给主讲专家，主讲专家可以用这些问题做引入，促使新任教师关注自己和同伴身上的问题，驱动他们学习和思考。

之前课程内容中的基本功测评是典型的检测类任务，检测类任务会给新任教师带来一定的压力，但适度的压力是有利于学习的。在海淀的培训中，基本功测评会邀请经验丰富的教研员和骨干教师做评委，评委会给每位新任教师提问或进行点评，激发其思考。同时培训者也会积极与评委交流，收集新任教师的优点与不足。在日常交流中，海淀的培训者了解到，新任教师普遍认为基本功测评很有必要，是展示学习效果、与专家交流的好机会。

五、重视团队要素，整合多方力量

实践中不难发现，适合新任教师的专家就是最好的。我们通常认为知名专家或特级教师是最理想的师资，但对于新任教师来说却未必最适合。团队要素中提到，专家的选择不仅要看他的专业能力和经验，同时也要看他能否为教师提供激励、营造平等交流的气氛。大学专家和特级教师的理念先进、经验丰富，但他们的话语体系对新任教师来说不容易被理解，他们提出的要求通常也高于新任教师的现状水平，因此容易让新任教师感到压抑。根据海淀的经验，成长速度快、善于交流的青年教师是很好的培训团队人选。因为他们对新任教师的困难和心态有更多的理解，能够现身说法、换位思考。同时，快速成长的青年教师对新任教师来说既是专家又是榜样，具有很好的示范引领作用。

团队要素中还强调，我们培训者要注重发挥自己的作用。在海淀区化学新任教师培训中，培训者会提前把新任教师的需求以及培训的定位和要求整理出来，提供给主讲专家，请专家按课程规划准备具体课程内容。培训者还经常在分组讨论时"游走"，倾听、了解新任教师的想法和观点，及时向专家反馈交流。如果由于时间限制，无法进行交流时，培训者会通过问卷等方式收集新任教师的问题，安排另外的机会交流。

六、强调学员要素，提升学习体验

学员要素提示我们要考虑学员的经验基础、学习倾向，并真正把学员作为中心，考虑他们经历的活动、扮演的角色以及在过程中的学习体验。新任教师在理解内容时往往需要具体的案例，提问和讨论时需要明确的要求。例如，在海淀区化学新任教师培训中，培训者发现很多新任教师对基础的教学理论几乎没有印象了，这时一定要结合具体教学情境促使他们回忆和重新理解，否则理论学习将被"架空"。

把学员作为培训活动的中心，要注意让新任教师体验多种不同的角色，而不仅仅是一个倾听者。在海淀区化学新任教师培训中，培训者会请新任教师讲述自己半年来教学的感受和心路历程，会请主讲者与新任教师充分交流、深度对话，会请新任教师多角度点评、讨论研究课，会请上研究课的新任教师分享自己的体验和思考。通过在时间、任务上的安排，以及对专家提出要求，培训者可以为新任教师提供更好的学习体验，提高培训的效果。

第四节　新任教师培训课程体系建构与实施

培训课程体系是在一定的教育价值理念指导下，将培训课程的各个构成要素加以排列组合，使各个课程要素在动态过程中统一指向课程体系目标实现的系统。培训课程体系是实现培训目标的载体，是培训目标的具体化和依托，是保障和提高培训质量的关键。

一、新任教师培训课程体系构建的理论依据

教师关注阶段理论和嬗变学习理论为新任教师培训课程体系的构建提供了理论依据。

富勒的教师关注阶段理论认为，教师专业发展分为四个阶段：教学前关

注阶段、关注生存阶段、关注教学情境阶段、关注学生阶段 ①。对照这一理论，新任教师处在教学前关注阶段和关注生存阶段，这时教师仍然处在学生角色向教师角色过渡的阶段。由于缺乏教学经验，新任教师在此阶段关注的是能否保住教师职业的生存问题，如班级管理、教学内容的熟练程度和上级督导者的评价等，此时的工作压力较大。新任教师亟须掌握一定的教育教学技巧和策略，以便尽快站稳讲台，胜任教育教学工作。因此，新任教师培训课程应该满足新任教师对经验技巧的渴望。

麦兹罗（Mezirow）的嬗变学习理论认为，成年人是通过一系列的学习、反思和实践过程，实现自身角色的重大转变的。这个转变不是一般的知识积累和技能增加，而是一个学习者的思想意识、角色、气质等多方面的显著变化 ②。根据嬗变学习理论，培训不仅要注重教师亟须的知识和技能的增加，而且要改变教师内在的思想意识。教师培训需要考虑如何激发教师有意识地发掘自我概念，促进教师既有经验与新理念、新知识、新技能的交互，从而发生认知的改变。在培训课时有限的情况下，培训课程不可能为新任教师提供优化教学、专业成长的所有策略和技巧。因此，培训应从持续发展的角度出发，帮助新任教师获得支持其可持续发展的学习反思能力，促进新任教师的自我持续发展。

二、新任教师培训课程体系的定位

基于教师关注阶段理论和嬗变学习理论，新任教师培训课程体系基于工作绩效改进和专业素养提升两条主线。基于工作绩效改进的课程主线指向新任教师教学技能的提升，基于专业素养提升的课程主线指向新任教师学习反思能力的提升。课程

> 新任教师培训课程体系基于工作绩效改进和专业素养提升两条主线。

① 杨秀玉 . 教师发展阶段论综述 [J]. 外国教育研究，1999(6)：36–37.
② 王海东 . 美国当代成人学习理论述评 [J]. 中国成人教育，2007(1)：127.

体系秉承"基于需求、发展需求"的理念，既立足新任教师当下需求，又面向新任教师未来发展需要。既通过外部的帮助促进新任教师获得实际可以运用的教育教学经验技巧，又从内在角度提升新任教师的学习能力与自我反思能力，并为其指明未来专业发展的方向，激发其发展的动力，促进其可持续发展。

三、新任教师培训课程体系的建构

依据需求调研结果，我们便可以确定新任教师培训课程目标。以海淀区新任教师培训课程为例，其培训目标是为区域培养一支充满教育情怀、具有良好职业道德、热爱教育事业并不断追求职业理想、胜任教育教学工作、具有研究和反思能力、可持续发展的新任教师队伍。

基于工作绩效改进主线，课程设置了学生教育、学科教学两个模块，努力使新任教师通过培训，掌握学生教育、学科教学的必备专业知识和有效的教育教学方法与技能，提升教育教学基本功，站稳讲台，胜任教育教学工作；基于专业素养提升主线，课程设置了职业理想与师德、专业发展两个模块，希望帮助新任教师形成良好的职业认同和师德修养，明确专业发展目标，提升研究和反思能力等综合素质，不断改进教育教学实践，为实现其可持续发展奠定基础。

通过公共课程和学科课程的职业理想与师德、专业发展、学生教育、学科教学四个模块有计划的、系统的、持续的精准培训，实现预期的培训目标。（见表 3-4-1）

表 3-4-1　海淀区中小学新任教师培训课程结构

结构	模块		专题	形式
公共课程	职业理想与师德		教育政策法规	参与式讲授 实践体验 案例剖析 网络研修（自主研修、导学教师指导、同伴研修）
			职业道德	
			职业理想与职业幸福	
	专业发展		专业发展规划	
			专业发展途径	
	学生教育		学生观	
			学生发展知识	
			集体教育	
			个体教育	
			家校合作	
学科课程	学科教学	学科教学通识知识与技能	学科育人	混合式研修（现场+在线）
			学习方式	
			教学技能	
		分学科、分学段学科教学基本功	教材分析	参与式讲授 课例研修 现场观摩 实践演练 基本功测评 同伴研修 导师带教 网络研修 跟进研修 展示交流
			学情分析	
			目标确定	
			资源整合	
			任务设计	
			情境创设	
			活动组织	
			教学评价	
			学科技能（板书、实验技能等）	

四、新任教师培训课程体系实施

新任教师培训课程体系的实施针对新任教师的学习特点,强化互动参与式培训、实践体验式培训和混合式培训,指向新任教师个体发展的评估,将课程体系精准付诸实践,促进预期课程目标的实现。以下将基于海淀区新任教师培训课程体系实施案例,阐述课程实施的策略。

(一)以互动参与式培训实现新任教师的深度卷入

课程的实施强调以学员为主体,整合了优秀的、多元化的培训师资,包括外国专家、市(区)教育专家、特级教师、教研员、优秀一线教师、优秀青年教师等,多方法、多视角、多维度引导新任教师深度参与和主动建构,最大限度地提升学员的实际获得。如在海淀区新任教师公共课程"职业理想与师德"模块的"教委主任第一课"中,新任教师基于专题讲座的内容,结合自己在学生教育、班级管理、课堂教学、家校沟通等方面遇到的问题和困惑,提出有价值的真问题,教委主任答疑分享解决问题的教育理念、思路、方法、策略,传递教育的真谛与智慧。

学科课程研修则以课例研修为载体,通过听评课、与骨干教师同课异构、分析课例、研讨课例等,多层次、多主体、多轮次互动,专家引领、自我反思、同伴互助,促使新任教师不断建构对于教学设计、教学实施、教学评价与反思的认知,关联自己的教学实践,夯实学科教学基本功。

(二)以实践体验式培训实现课程的难点突破

海淀区中小学新任教师培训课程实施聚焦新任教师的工作绩效改进和专业素养提升,针对师德、学科教学基本功等重难点模块课程,采用了实践体验式培训。这样既保证了课程的实效性,又最大限度地发挥了课程对于新任教师可持续

实施互动参与式培训,培训师资应能够以学员为主体,多方法、多视角、多维度引导新任教师深度参与和主动建构。

海淀区2017—2018学年"教委主任第一课"乐章图

针对新任教师培训课程中的师德、学科教学基本功等重难点模块,可采用实践体验式培训,实现难点的突破。

发展的价值。

以公共课程"走进特教学校师德实践活动"为例，新任教师通过具体的工作情境和典范的鲜活事迹，感受特殊教育学校教师的工作付出与高尚师德，深刻理解教师职业道德，增强了追求职业理想与幸福的内在动力。

学科课程研修则聚焦学科教学基本功，深入真实课堂开展现场听评课等教学实践活动，解决实际问题，在实践体验中提高新任教师的教学设计、教学实施、教学评价与反思基本功。

课程的作业设计也非常注重实践性，聚焦新任教师参与集体和自主师德实践活动的收获与反思，学生教育实践故事的叙述、剖析、反思和提升，以及学科教学基本功练习。

（三）以混合式培训实现课程的全覆盖、个性化和精准化

基于新任教师培训课程体系，新任教师培训课程实施采用混合式研修的方式，充分利用现场研修和线上研修各自的优势，整合设计、实施现场研修课程与在线微课程研修，实现大规模、全覆盖，同时又兼顾个性化，使学员可从丰富的在线微课程中自主选择资源进行研修。

> 如何处理集中现场研修课程与在线微课程的关系，使两类课程相互补充、相互促进，充分发挥混合式研修的作用，这非常重要。其前提在于厘清两类课程各自的功能和价值、优点与局限。

以公共研修课程为例，现场研修课程涵盖必知必会的、需要整体把握的内容，学员通过亲身感受进行学习，要充分利用现场感染力传递核心理念与精神，利用此类课程时间长、可即时反馈的特点为新任教师架构系统的认识框架，解决突出的疑难问题。而在线微课程则涵盖个性需求的、相对独立的内容，具有小、多、细的特点，解决新任教师具体的问题，或引发他们更多的思考，使新任教师通过理解、反思进行学习。

在混合式学习的背景下，处理好现场研修课程与在线微课程的关系是非常重要的。海淀区中小学新任教师混合式研修中，现场研修课程和在线微课程的框架基本是一致的，均包括职业理想与师德、学科教学和学生教育三个

模块（在线微课程中还加入了专业成长与发展内容模块）。两类课程相互配合，关键问题是避免重复。下面基于职业理想与师德、学科教学和学生教育三个模块来具体说明。

在职业理想与师德模块中现场研修课程最多，这是由于师德很难通过讲解来传授，而更需要体验、触动和激发。因此，现场研修课程的设计中有"教委主任第一课"，其中包含千名教师宣誓等活动；还有集体活动"走进特教学校"以及自主活动"走近师德先进，教师精神体悟"等师德体验活动。而在线微课程则重点提供"现代教师角色""教师行为红线""教师权利与义务"等知识性和说理性较强的内容。

在学科教学模块中，由于教师教学基本功是系统的、相互关联的，所以现场研修课程不可替代的功能是使新任教师对教学设计与实施形成系统认识，理解每一部分在教学中的重要作用。而在线微课程可以细致地就每一项教学基本功，指导相应的策略与方法，让新任教师有针对性地选择学习。

在学生教育模块，现场研修课程和在线微课程也有不同的侧重点。现场研修课程聚焦新任教师最关切的问题，透过具体做法展现背后的思考，使新任教师形成系统的认识，同时借助现场的交流互动和感染氛围给新任教师树立榜样。而在线微课程则针对新任教师面对的各种各样的学生教育问题，提供多样化的讲解和对策，发挥了微课程独特的优势。（见表 3-4-2）

表 3-4-2　混合式研修中两种课程的配合与互补

课程模块	现场研修课程	在线微课程
职业理想与师德	"教委主任第一课"（包括千名教师宣誓活动）	现代教师角色与要求 教师职业理想与职业幸福 师德与学生教育 教师行为的红线 教师的权利与义务 学生权利的尊重与保护
	教育政策法规	
	"走进特教学校"师德实践活动（集体）	
	"走近师德先进，教师精神体悟"师德实践活动（自主）	
学生教育	学生教育与班级管理技巧	班会小舞台，成长大天地 师生沟通的艺术 青春期学生心理特征 班级公约 …… （共 21 节微课）
学科教学	教学技能	学科教学的育人功能 怎样制定教学目标 教学内容分析 …… （共 11 节微课）

在线研修中，学员进行基于网络的自主研修和同伴研修，自主选学微课资源并进行评价、基于主题展开讨论、完成在线作业，并根据导学教师评价改进作业，对改进后的作业进行同伴互评和自评。新任教师聚焦于模块学习和实践的问题、困惑，与微课内容建立关联，实现对这些问题或困惑的深层原因挖掘、认知升级和策略建构。由一线学校的优秀学科带头人、德育带头人组成的导学教师团队，基于学员的学习数据，进行有针对性的专题案例式答疑和作业评价。特别重要的是，来自学员的学习体验、困惑和需求，蕴藏着课程的生长点，推动了"课程生长"，促进新任教师课程体系的可持续发展。

（四）以基本功测评为重点，精准促进新任教师可持续发展

在海淀区中小学新任教师培训中，各学科在课程实施时，开展了基于培训主题和内容的基本功测评。不同学科采用的基本功测评方式不同，主要包括教学说课、研究课展示、微格教学展示、教学技能考核、板书设计等形式。例如，小学语文学科采用教学说课＋现场板书展示的测评方式；中学英语学科采用教学说课＋微格教学展示的测评方式；中学体育采用现场教学设计＋教学技能考核（口令、广播操、各体育专项基本技术动作展示）的测评方式。以教学说课为例，所有学科的新任教师要自选一课进行 15 分钟教学说课，需要准备文稿和幻灯片。说课的内容包括教材分析、学情分析、教学目标、教学重难点、教学过程、板书设计等。

学科教学基本功测评，给予新任教师个性化的反馈，促进他们教学技能的再提升，精准指向其后续行为改进和持续的专业发展。

评价标准涵盖 3 个一级评价指标——教学内容、教法学法设计、说课效果，12 个二级指标。在测评之前，培训者可以帮助有需要的新任教师修改和完善测评内容，激发新任教师的学习动力。所有学员都参加基本功测评的全过程，进行同伴互相学习；评委按照评价标准对每位学员的说课进行量化评价和质性评价，并现场对所有学员的表现进行整体性和个性化的点评、互动答疑，既针对测评中出现的共性问题进行分析和反思，又给予每位新任教师个性化的反馈，促进他们教学技能的再提升，精准指向其后续行为改进和持续的专业发展。测评的数据结果也将为培训的后期追踪、区校联动的后续精准培训提供有力的支持和帮助，促进新任教师的可持续发展。同时，评估的结果也为课程体系本身的调整、优化提供了依据，支撑课程体系的可持续发展。

我们的思考

1. 对课程的理解是培训者的重要理论功底，是培训者专业性的体现。泰勒原理是课程论的经典，但泰勒原理是针对学科课程而提出的，培训者还需要在此基础上有所突破和创新，充分考虑教师学习的特征，思考教师教育的原则、高质量内容的筛选标准等。

2.课程设计与实施的六要素模型是培训者看待课程的独特视角，它体现了一种系统化的思维方式。培训者借助模型，可以设计更高质量的培训课程。

3.新任教师培训课程体系的建构应基于工作绩效改进和专业素养提升两条主线。基于新任教师的学习特点，新任教师培训课程可通过公共课程和学科课程的职业理想与师德、专业发展、学生教育、学科教学四个模块实施有计划、系统性、持续性的精准培训，实现预期的培训目标。

你的思考

第四章

培训效果评估与促进学以致用

本章关键问题

1. 如何认识教师培训效果评估？

2. 如何创造性地运用经典评估模型评估教师培训的效果？

3. 如何在培训过程中、培训结束后，最大限度地促进学员学以致用？

第一节　培训效果评估概述

　　教师培训效果的评估是培训过程中的重要环节。培训效果评估关系到整个培训工作是否实现了预期的目标，关系到培训工作投入的人力、物力和财力是否发挥了最大的效益，关系到整个培训方案是否科学有效。因此，科学建构教师培训效果评估模式，有效实施培训效果评估，是开展教师培训工作必须认真研究的问题，也是教师培训机构走向专业化的必由之路。[①]

一、培训效果评估的价值和内涵概述

　　培训效果评估是指收集组织和受训者从培训当中获得的收益情况，来衡量培训是否有效的过程。

　　泰勒等国外学者对培训效果评估的内涵进行了解释[②]，这些解释侧重于对培训项目本身价值的评价。培训效果评估用以决定培训的意义及价值，确定培训是否值得，决定培训是否继续存在；对实施的培训方案的未来使用情况做出决策，作为甄选、采用或修改教育培训方案等决策判断的基础，指出需要改进的地方，建立未来的培训指导方针，促进培训方案的不断优化与培训实效的提升。

　　进行培训效果评估是一个系统性的过程。近几年来，国内学者萧鸣政[③]、王冬凌等人也对培训效果评估的内涵进行了深入研究。培训效果评估是依据

① 王冬凌.建构教师培训效果评估模式：内涵与策略——兼论教师培训机构走向专业化的路径 [J].大连教育学院学报，2011(4)：4-8.

② 具体参见：徐芳.培训与开发理论及技术 [M].上海：复旦大学出版社，2005：263.

③ 萧鸣政.人力资源开发与管理：在公共组织中的应用 [M].北京：北京大学出版社，2005：221.

培训目标，形成科学、可操作的培训效果评估指标体系，运用科学的方法和规范的程序，系统搜集并分析培训效果的各种信息，评估受训者从培训中所获得的收益，从而对培训的质量进行评估、对培训的价值进行判定的过程。教师培训效果评估应体现激励功能、诊断功能、导向功能，应遵循科学性原则、系统性原则、操作性原则和连续性原则。[①]

二、培训效果评估的方法和模型概述

当前，培训效果评估模型主要应用在教育管理领域和企业管理领域。教育管理对培训效果评估的研究主要侧重于评定师资培训的价值及其优缺点。企业管理主要是从人力资源开发角度研究企业员工培训评估，侧重的是证明人力资源开发部门存在的价值及对企业产生的经济效益。

（一）CIPP 培训评估模型

在对泰勒模型和目标分类理论反思的基础上，为了实施绩效问责，避免教育投资浪费，美国著名评估专家斯塔弗尔比姆（Stufflebeam）提出了 CIPP 培训评估模型。该评估模型的基本观点是，认为评估最重要的目的不是证明，而是改进。[②] 它具体包括背景评估（Context Evaluation）、投入评估（Input Evaluation）、过程评估（Process Evaluation）及结果评估（Product Evaluation）四部分。CIPP 培训评估模型在过程评估基础上引入反馈机制，改进并满足绩效问责的要求，全面监测培训活动，及时发现问题、调整目标、改变策略，促进培训的有效开展，但是 CIPP 培训评估模型没有提供切实有效的评估操作方法。

[①] 王冬凌.建构教师培训效果评估模式：内涵与策略——兼论教师培训机构走向专业化的路径[J].大连教育学院学报，2011(4)：4-8.

[②] STUFFLEBEAM, MADAUS, KELLAGHAN. 评估模型[M].苏锦丽，等，译.北京：北京大学出版社，2007：323-327.

（二）柯氏四层次评估模型

美国威斯康星大学管理学教授柯克帕特里克（Kirkpatrick）提出柯氏四层次评估模型（简称柯氏模型）。该模型是目前最具有代表性、传播范围最广的培训效果评估方案。它按照评估的深度和难度递进的顺序将培训效果分为四个层次，即反应层（Reaction Level）、学习层（Learning Level）和行为层(Behavior Level)、结果层(Result Level)。[1]（见表4-1-1）

表 4-1-1　柯氏四层次评估模型 [2]

层次	评估内容	测量方法
反应层	学员对培训项目的哪些方面感到满意？他们有什么建议	问卷调查
学习层	学员从培训项目中学到了什么？受训者技术及技能的掌握方面有多大程度的提高	绩效考试
行为层	通过培训，学员的行为是否发生了变化？培训后，学员的行为有没有什么不同	由主管、同事、客户和下属进行绩效考核
结果层	行为的变化是否对组织产生了积极的影响？企业是否因为培训经营得更好了	事故率、生产率、流动率、生产质量等

第一层：反应层，即课程刚结束时，了解学员对培训项目的主观感觉。第二层：学习层，即学员在知识、技能或态度等方面学到了什么。第三层：行为层，即学员的工作行为方式有多大程度的改变。第四层：结果层，即通过诸如质量、数量、安全、销售额、成本、利润、投资回报率等可以量度的

---

[1] KIRKPATRICK. How to Use Outside Resources[J]. Training and Development Journal, 1978（8）: 12-15.

[2] KIRKPATRICK. Techniques for Evaluating Training Programs[J]. Training and Development Journal, 1996(1): 54-59.

指标来考查，看最终产生了什么结果。[①]

如果以教师培训项目为例，这四个方面可以解释为：反应层评估即教师对于培训的课程、活动、服务和效果的满意度；学习层评估就是教师在整体培训完成以后对于知识和技能的获得程度；行为层评估可以从教师的返岗实践中找到相关的证据，比如教学行为的改进；结果层评估则要关注教师是否提高了教育教学水平，是否促进了学校教育质量的提升，这些因素应由校长或是学校的相关负责人做出具体的评价。

（三）五级投资回报率培训评估模型

菲利普斯（Philips）在柯氏四层次评估模型中加入了第五个层次——投资回报率，扩展了柯克帕特里克"反应"平台的内涵。投资回报率（Return On Investment，简称 ROI）培训评估模型是从反应和既定活动评估、学习评估、工作中的应用评估、业务结果评估和投资回报率评估五个层次进行评估的，详见表 4-1-2。

表 4-1-2　五级投资回报率培训评估模型[②]

级别	评估内容
1. 反应和既定活动评估	评估学员对培训项目的满意度和计划实施情况
2. 学习评估	评估学员知识、技能和观念的变化
3. 工作中的应用评估	评估学员工作行为的变化以及对培训资料的确切应用
4. 业务结果评估	评估培训项目对业务的影响
5. 投资回报率评估	计算培训产生的经济效益以及培训所花费的成本，进行成本效益分析

① 柯克帕特里克，等．如何做好培训评估：柯氏四级评估法 [M]．3 版．林祝君，冯学东，译．北京：机械工业出版社，2015：22-29．

② 菲利普斯．培训评估与衡量方法手册 [M]．3 版．李元明，林佳澍，译．天津：南开大学出版社，2001：54-55．

该模型中添加的"投资回报率"在教师培训领域，可以延伸为对教师培训项目的整体效益进行评估，即从经济学角度对教师培训项目中所投入的资金、人力、物力与教师培训的效果进行比较，得出整体培训项目的投入产出比，从而可以衡量该培训项目的意义和价值，对教育管理和教育决策有重要意义。

（四）CIRO 培训评估模型

CIRO 培训评估模型是一个由沃尔（Warr）、伯德（Bird）和雷克汉姆（Rackham）发明的四层次评估模型。该模型描述了四个基本的评估级别，即情境评估（Context Evaluation）、输入评估（Input Evaluation）、反应评估（Reaction Evaluation）和输出评估（Output Evaluation），它们的首字母即组成CIRO。[①]CIRO 培训评估模型对其他评估模型最重要的改进之处就是，将评估活动纳入整个培训过程中的其他环节，开展了过程性评估，但该模型中评估和培训执行这一重要环节相脱离，评估结果没有进行有效的反馈，评估发现的问题在项目执行中不能够及时地得到修正，未能作用于后续项目的设计和实施。

（五）考夫曼五层次评估模型

考夫曼（Kaufman）拓展了柯克帕特里克的评估模型，他认为培训前各种资源的获得对培训能否成功至关重要，因此应该在反应层增加一部分关于培训项目背景方面的评估，主要是关于实现培训目标所需要的资源基础和条件的分析，包括人力、物力的有效性等。除此之外，还应该评估培训对组织周边环境的影响，主要包括客户、供应商，甚至是竞争对手的影响。它具体包括：可能性评估，指人力、财力和物力的有效性、可用性和质量；反应评估，指培训方法、手段和程序的接受情况和效用情况；掌握评估，指学员和

---

① 菲利普斯.培训评估与衡量方法手册[M].3版.李元明，林佳澍，译.天津：南开大学出版社，2001：51.

团队对培训的知识和技能的掌握情况；应用评估，指学员和团队在受训后的工作中，对所培训的知识和技能应用的情况；组织效益评估，指培训对于组织贡献和汇报的情况。①

综上所述，众多学者从不同角度提出了不同的培训效果评估模型。其中柯氏四层次评估模型在国内外的培训领域应用最为广泛。其他评估模型大都是在柯氏四层次评估模型的基础上发展而来的。每一种评估模型各有优劣，在培训效果评估中应该根据项目的实际要求，创造性实践与应用，科学客观地评估培训效果。

三、教师培训效果评估的设计与实施概述

有较多研究已经开始运用培训效果评估模型对教师培训项目设计与实施效果进行评估。周放②，武丽志、吴甜甜③，阿贝特（Abmet）④，韩雪⑤，杨建红、张红艳⑥等研究者，结合具体教师培训项目，开展了教师培训效果评估的研究和实践。他们的研究多基于对国内外培训评估模型和我国教师培训评估现状的分析，提出教师培训项目的评估方案，并开展评估活动，依照评估结论对培训进行改进。

① 黄林凯，钟志贤，宋灵青. 个体、组织、社会与教育技术：Roger Kaufman 教授访谈 [J]. 中国电化教育，2012(5)：1-4.
② 周放. 试论中小学教师培训评估体系的构建：田家炳基金会扶助重庆贫困地区中小学英语教师培训效果评估研究 [D]. 重庆：重庆大学，2012：96.
③ 武丽志，吴甜甜. 教师远程培训效果评估指标体系构建：基于德尔菲法的研究 [J]. 开放教育研究，2014(5)：91-101.
④ ABMET A. Teachers' Evaluation of Their Pre-Service Teacher Training[J].Educational Science: Theory & Practice，2009, 9(3)：1111-1121.
⑤ 韩雪. 教师在职培训的效果评估研究：以 Y 省"参与式教师培训项目"为例 [D]. 北京：北京师范大学，2008：1-63.
⑥ 杨建红，张红艳. 新疆中小学少数民族双语教师培训效果评估的设计与实现 [J]. 中国电化教育，2017(5)：111-116.

教师培训效果评估的设计与实施，主要以柯氏四层次评估模型为理论基础，从反应、学习、行为和结果四个层次，对教师培训效果评估指标体系进行设计与构建，从培训内容的设计、培训过程的评价、培训环境的营造等方面，设计贯穿培训全程的评估模型，明确具体的培训评估流程，运用定量和定性评估方法对培训效果进行实证资料的验证。[1] 教师培训效果评估要注意了解教师对培训的真实看法，探讨影响培训有效性的真实原因[2]；追踪教师返岗后教学行为的改变，分析影响培训效果的因素并提出相应的建议和对策[3]。

四、教师培训效果评估存在问题概述

研究者对教师培训效果评估中存在的问题研究得较多。有研究者试图通过评估模型解决教师培训效果评估中的问题。如陆少颖认为目前教师培训评估存在评估方式缺乏多样性、评估主体缺乏广泛性、评估内容缺少追踪性的问题，研究结合柯氏模型提出了教师培训效果评估实施的建议——主要包括：增加培训前的需求层评估和方案层评估，明确各层评估的实施时间，评估指标尽量具体、量化。[4] 另有研究者汪文华提出，教师培训效果评估目前正处于初级阶段，工具与手段单一、评估体系缺失、专业性不强，需要教师培训机构切实重视效果评估，提升教师培训者的专业能力素质，有效运用培训效果评估的模式和方法提高教师培训的效果。[5]

总之，从已有文献来看，研究者已经开始关注运用理论模型对教师培

---

① 郑立海，石大维. 教师培训项目的效果评估研究：以中国-UNICEF"灾区教师培训"项目为例 [J]. 电化教育研究，2014(5)：108-113.

② 郎春燕. 高中教师培训有效性研究：基于参训教师评价的视角 [D]. 北京：北京师范大学，2014：1.

③ 江姣. 幼儿园教师培训效果研究：基于柯氏模型行为层的分析——以重庆某高校幼师国培项目为例 [D]. 重庆：重庆师范大学，2017：7-8.

④ 陆少颖. 基于柯氏模型的教师培训评估模型研究 [J]. 宁波教育学院学报，2013(6)：24-28.

⑤ 汪文华. "满意度"高≠培训效果好：教师培训效果评估思考 [J]. 教育科学论坛，2011(9)：60-61.

训效果进行评估研究。国外关于培训效果评估或者项目评估的研究较为丰富，理论体系已经比较完善了，大多数研究者选择结合某一具体的教师培训项目，研究其评估策略和具体方法。国内学者在理念研究层面，多是对于普适性的培训项目评估经典模型在中国语境或具体的教师培训项目语境下的

> 创造性地应用经典评估模型对培训效果进行评估，充分发挥效果评估对于培训活动的激励、导向、监控与发展功能。

演绎，并没有提出属于原创性的适合中国教师培训项目特点的评估理论。因此，加强对培训效果评估的研究，结合教师培训项目的具体特点，创造性地运用经典评估模型对培训效果进行评估，充分发挥效果评估对于培训活动的激励、导向、监控与发展功能，逐步提出原创性的适合中国教师培训项目特点的评估理论，是我们教师培训者努力的方向。

第二节　新任教师培训中柯氏模型的创造性实践与应用

从上一节的内容中可以看到，目前在教师培训领域，并没有可运用的、成熟的教师培训效果评估模型。目前世界上运用最广泛、最有效的培训效果评估模型是柯氏四层次评估模型。它最早是针对企业开发的评估模型，后来被大量应用到其他类型组织的培训评估工作中，很多后来出现的评估模型也大都是在柯氏模型的基础上进行发展、拓展而来，并没有脱离其主体框架。

因此，在教师培训效果评估的内涵和价值引领下，中小学新任教师培训效果评估就可借鉴经典的柯氏四层次评估模型，从反应层、学习层、行为层和结果层四个层面进行创造性的实践和应用。每一层都要有明确的评估目的、内容和方法（见表4-2-1所示）。

之所以选择对柯氏模型进行创造性的实践和应用，是因为柯氏模型为我们打开了培训效果评估的视角。通过对比我们发现，很多过去的评估方法和

做法其实都可以归结到柯氏模型的某一评估层级中，例如对满意度的调查就属于柯氏模型的反应层的评估。柯氏模型也拓宽了我们评估的层级和深度，尤其是行为层和结果层的评估——这两个层级是我们以往经常忽视或者做得不足的。柯氏模型虽然能够启发我们针对不同层级展开深入的评估，但如何将其运用到教师培训领域，则需要我们在运用时结合教师培训的特点，进一步丰富评估的内涵、细化评估的方法。这也是我们强调创造性实践和应用柯氏模型的原因所在。

表 4-2-1　培训课程效果评估

序号	评估层级	评估目的	评估内容	评估方法
1	反应层	观察和了解学员的学习状态、对培训项目的满意度	学员学习状态、学习感受	出勤：考勤；学习状态：观察、照片、录像、访谈；学员参与度：统计、观察；学员评教：满意度问卷、访谈
2	学习层	测试和分析学员经过培训学到和掌握了哪些知识和技能，以及掌握到什么程度	学员学习效果	基本功测评、知识测验、作品分析、成果展示
3	行为层	了解学员回到具体的教学岗位之后应用培训所学而引起的行为上的变化	学员工作表现	追踪观察、访谈
4	结果层	了解学员培训的收获给组织带来的变化	学员组织绩效	访谈、比较研究、案例研究

一、反应层：评估学员的学习状态和主观感受

第一层为反应层，即学习的即时反应或当时表现，主要观察和了解学员的学习状态、对培训项目的满意度和学员关于打算如何在今后的工作中应用所学知识的情况。

出勤率统计结果可显示学员对培训的参与程度。通过观察、记录及统计

的方法可了解到学员在培训过程中的学习状态，与主讲教师的互动程度及整个学习过程的参与度。而对学员开展不记名的满意度问卷调查和访谈，则是获取培训效果实证数据的重要途径。满意度问卷既可针对整体培训也可针对某一次培训的课程开展。

新任教师培训效果评估数据分析

（1）出勤率和满意度调查：学员出勤签到表显示通识培训课程的出勤率达 95% 以上，学科培训课程出勤率达 97% 以上；不记名的培训整体满意度调研问卷结果显示学员对通识培训课程的满意度高达 98.8%，对各学科培训课程的整体满意度均在 97% 以上。这些数据均说明了新任教师对本次培训的整体认可度较高，他们充分参与了整体课程的培训，对培训课程的设计与实施给予了高度肯定。

（2）学员收获与评价反馈：新任教师通识培训开设了"教委主任第一课"，有学员在培训后的反馈中写道：

"教委主任深入浅出地告诉我们新任教师怎样做好一名教师、做一名让孩子喜欢的教师，这让我觉得做一个好老师对自己、对学生都是一种负责！教育不仅要教学，更要去研究每一位学生，研究很重要，是解决问题的途径。

"听了陆主任（教委主任）的报告，我感到作为一名海淀老师非常自豪。我愿意用自己的青春和汗水来浇灌每一位孩子的心田。我不仅仅把教师当作一份工作来看待，更会把它当成一份神圣的教育使命来实践。我会加油努力的！"

【评论】本次课程预定的目标是使新任教师树立教育理想，坚定教育信念，提升职业境界，增强职业认同感、责任感与使命感。从反馈数据中可以发现，"教委主任第一课"确实对新任教师迈好职业生涯第一步，起到了重要的作用!

再如,在组织新任教师走进海淀寄读学校,开展以"传递师爱 温暖心灵"为主题的师德教育实践活动之后,有学员反馈道:

"最感动的场景是宣传片中老师和学生互相欣赏的眼神。在这样一所容纳着心理、行为偏常学生的学校中,学生对老师满意,一定是因为老师付出了更多的心血感动着这些孩子。老师们这种包容和奉献的精神非常值得我们这些新入职老师学习。"

"一个孩子的迷失可能对周边的整个环境和其他孩子产生极大影响。教育不是万能的,但教育发挥正常功能产生的正能量却是不可估量的。作为新老师要坚定自己能带来改变,带来好的改变,并为之奋斗。"

【评论】从这些反馈中可以发现,新任教师对活动的场景记忆深刻,提出自己要学习师德精神并做出行为上的改变。这充分说明,通过体验式的熏陶,新任教师深刻认识到了教师职业道德的深层意义,理解了师德的内涵,这无疑是促进新任教师在今后的教育教学实践中逐渐提高自身师德修养的有力催化剂。

也有新任教师在学科培训反馈问卷中写道:

"回想培训过程中的点点滴滴,真的受益颇多,无论是关于理论还是关于实践技能,我都学会了如何开展有效的教学,培训前的困惑已基本得到解决。"

"通过培训,我对于做一名好教师信心满满。我明白,作为新任教师要把握学生成长规律,做适合学生的教育,努力成为一名专业的、反思型的教育实践者。"

【评论】以上反馈印证了学员在培训中确实学有所获,培训帮助学员切实解决了工作中的困难,并促使学员决定在今后的职业生涯中做出行为上的改变和实践。

反应层的评估通常会用到量化分析与质性分析相结合的评估方式。在分析问卷数据时，要做到二者兼顾。量化的分析方式是让我们通过数量上的分析和比较来推测培训的效果，而分析质性的数据结果时，我们需要重点关注如何从学员的反馈中推测培训课程的目标达成程度，判断培训是否解决了学员现实工作中的困惑，以及学员是否准备在未来的工作中应用所学知识。

二、学习层：评估学员对培训内容的内化程度

第二层为学习层，即学习效果，即学习内化程度——测试、分析学员经过培训后学到和掌握了哪些知识和技能，以及掌握到什么程度。主要是评估学习者把培训内容加以内化的结果和程度。此层面可采取的评估方法有：基本功测评、知识测验、作品分析、成果展示等。

所有的测试应采取任务驱动、行动导向的方式，在培训初始就应使学员明确培训的目标，带着任务进行有目的的学习。在测试之前，培训者可以帮助学员明确测试标准，也可修改和完善测评内容，借以激发新任教师的学习动力。测试结束后，针对出现的问题进行分析和反思，给予个性化的反馈，精准指向其后续行为的改进和持续的专业发展。测评的数据结果也将为培训的后期追踪、区校联动的后续精准培训提供有力的支持和帮助，促进学员的可持续发展。

新任教师学科培训教学基本功测评内容与标准设计
——以生物学科为例

中学生物学科基本功测评工具为教学设计评价表和微格教学展示评价表。教学设计评价表参考北京市"课堂教学设计"评比要求的内容，确定基本功测评考查的基本内容（见表4-2-2）。其中，"指导思想与理论依据"强调针对讲授课内容进行有针对性的提升和解释，避免官话和套话。"教学背

景分析"主要针对授课对象各方面的能力水平进行分析。"教学目标"的制定，除了"三维"目标的内容外，强调一定要符合学生的实际情况，且具有可操作性和可测量性。这样的要求，一方面考虑到目标的制定要落到实处；另一方面也为评价奠定基础。"教学效果及评价设计"主要针对学生学习的内容而制定评价方案，它既包括过程性（表现性）评价，也包括本节课的终结性评价，且与教学目标相符。"教学特色"依照百花齐放、百家争鸣、教无定法的精神，强调教学特色和教学创新。衡量的宗旨是符合实际，教学效果好。

表 4-2-2　生物学科教学设计评价表

序号	基本内容	评价标准	权重
1	指导思想与理论依据	选择的指导思想能与所设计的内容相匹配；选择的理论依据能合理地解释教学设计的实践	0.1
2	教学背景分析	能准确分析出学生已有的知识、能力和情感水平	0.3
3	教学目标	符合课标的基本要求；符合学生的实际水平；表述具有可操作性和可测量性	0.1
4	教学流程示意	表现方式清晰、易懂，具有内在的逻辑性	0.05
5	教学过程	环节清晰、明确，每个环节能清楚地显示出达成教学目标的方式（方法）及途径（重点突出、难点突破巧妙）	0.3
6	教学效果及评价设计	评价方案与教学目标的水平一致且符合实际，操作性强	0.1
7	教学特色	具有创新之处和独到见解，且教学效果好	0.05

微格教学展示评价表借鉴北京市基础教育研究中心的微格展示要求，体现市、区要求的一致性。《生物学科新任教师微格教学展示与答辩评价表》体现教学设计和备课、教学实施和微格教学两个主体部分，同时含有答辩环节，要考查的教学基本功就融合在两个主体部分中。（见表 4-2-3）

表 4-2-3　生物学科新任教师微格教学展示与答辩评价表

评价项目	主要内容	评价等级			
		A	B	C	得分
备课 （15分）	展示稿（10分）：对教学内容在课时、单元、主题中的地位和作用分析到位，教学目标及重难点定位准确，符合教育教学规律、课程标准和学情；教学过程设计科学准确，关注科学探究和概念教学的有效性				
	课件（5分）：简明生动，实用				
微格教学 （65分）	基本素质 （25分）　教态（5分）：自然亲切，端庄大方				
	基本素质 （25分）　语言（10分）：普通话清晰流畅，有感染力				
	基本素质 （25分）　板书、板图（5分）：规范工整，合理美观				
	基本素质 （25分）　信息技术（5分）：设备使用熟练，与教学有效整合				
	教学过程 （40分）　教学环节（5分）：过渡自然，定位准确				
	教学过程 （40分）　教学内容（10分）：科学准确，逻辑严密，能有效地帮助学生建构概念				
	教学过程 （40分）　学生活动（5分）：设计恰当，活动有实效				
	教学过程 （40分）　教学设问（5分）：有思维层次，关注问题的生成性				
	教学过程 （40分）　教学资源（5分）：适度、有效				
	教学过程 （40分）　教学创新（10分）：有特色，具有生物学课程的特点				
答辩 （20分）	在规定时间内完成说课、答辩（5分）				
	准确领会问题，回答问题时层次清楚，有理有据（15分）				

新任教师学科培训教学基本功测评数据分析——以化学学科为例

每个学科的培训者对基本功测评结果都会进行多角度的数据分析，并结合培训课程评估培训的质量。

要科学分析与有效利用评价结果。

　　海淀区化学新任教师培训课程中包含：①从内容分析到问题设计；②如何设计学生活动；③如何说课等。对于课程①和课程②，培训者关注新任教师相关项目的得分情况，通过与过去的数据相对比，或者跟评委一起讨论，确定相关培训的效果和质量。而对于课程③，可以通过新任教师说课时的表现，如内容分析的角度和水平、活动设计的层次性和目的性等重要指标，来直接判断培训的效果。如果时间和精力允许，还可以做定量的统计和研究，有针对性地改进培训课程的质量。

　　从整体结果看，21名新任教师的基本功测评结果均为合格以上，其中有9位测评结果为优秀。从得分上看，内容分析、活动设计的得分相对较高，而新任教师在重难点确定和反思、学情分析方面的得分相对较低。对照培训课程可见，课程重点关注的部分取得了较好的效果。特别是在"内容分析的基本角度"和"提问与活动间的逻辑"这两个点上，新任教师确实有意识地进行了改进。

　　在对新任教师反馈评估结果时，除总得分外，还应尽量告知每一部分的得分，使新任教师了解自己的相对优势和不足。同时，还可以收集一些质性的典型案例（优秀案例或问题案例），这样反馈时效果会更好。质性案例还可以作为新一轮课程的素材使用。

　　通过测评，还可以发现本次培训新任教师独特的需求和问题。针对其中的部分问题，专门设计了集中反馈环节，作为当期培训最后一次课程的主要内容。反馈时主要以测评中学员说课的案例为载体，具体反馈在内容分析、活动设计、重点展开、概括小结等方面的问题。而针对作业分析与设计、教学语言等方面，可以进行个别反馈和指导（见表4-2-4）。

表 4-2-4 化学学科新任教师基本功测评结果分析与反馈

测评点	本次培训发现的问题	反馈策略
内容分析	对必修 1 元素化合物内容的分析理解不足，未把握必修 1 阶段学生需要掌握的核心规律，而过早地引入了结构知识	【集中反馈】展开从初中到高中选修阶段元素化合物要求的进阶，在整体中把握阶段性任务，进而比较不同的元素化合物教学策略，明确更优选择
问题、活动、实验证据线索	问题与问题间的逻辑联系还有待加强，问题的层次还可以更加凸显	【集中反馈】借助另外的案例，对比不同设计中问题线索的连贯性和指向性，体会问题间逻辑和层次的必要性
学情分析（包括作业分析）	能从学生作业中进行反思，但诊断的水平还有待提升	【个别反馈】某些作业设计没有针对性，且难度控制不当
教学语言	不够简洁，重复和口语较多	【个别反馈】回看视频，听自己的语言使用，反思、训练，再对比
概括小结和总结	不太关注概括小结的作用	【集中反馈】借助"物质的量"案例，提示新任教师注意多个物理量间的关联
重难点的教学效果反思	对重点的把握还有待提高，重点展开不足，展开过程中缺乏对学生思路的关注	【集中反馈】针对"离子方程式书写"教学环节，比较不同展开方式对学生的影响，提示对学生理解的关注

无论采取哪种方法评估学员的学习结果，都需要注意：第一，建立一套评价标准。评价标准的建立应该以培训目标和培训内容为依据。第二，最好在培训之初开展一次学员基本能力前测，将前测与培训结束后学习层的评估数据相比较，分析培训使学员的哪些方面发生了变化。第三，评估不仅是为了检测学员对培训内容的内化程度，更重要的是发现未解决的问题或存在的新的学习需求，因此，测评结束之后，应该及时给予学员恰当的反馈和改进策略。

三、行为层：评估学员在工作岗位上的行为变化

第三层为行为层，即观察培训后学员的行为是否有变化；了解其是否把学习的成果迁移到了工作岗位上，以及在多大程度上促进了工作的改进。这

体现出学习者把内化的素质外化，进而影响工作改进的结果。

教师培训项目相对于其他培训项目而言，培训效果在教师层面的体现需要更长的时间，因为参加培训的教师需要更长的时间消化培训内容。教师培训项目的主要内容是与教学相关的知识和技能，这些知识和技能具有缄默性、艺术性和不可复制性等特点。基于这些特点，教师对培训中的知识和技能的接纳不是一个简单线性的加减法的过程，而需要经过一段时间来领悟、实践和运用，并最终掌握。

对行为层的评估通常采用的调查方式有行为观察、访谈、行为分析。利用观察的方式，实际考察教师行为是否有变化以及变化的幅度。应用对学员进行深入访谈的方式，了解学员对培训学习后所掌握知识的内化程度与应用程度——既可以采用学员自我报告的方式，也可以用访谈者侧面印证的方式。另外对于连续超过四天以上的培训，需要学员制订个人行动计划，其目标要明确具体，完成情况要由学校主管领导进行审核。个人行动计划是考查学员行为是否改变的依据。[①] 也可以在实际的教育教学工作中或特定的展示交流、比赛等活动中对学员的行为进行分析，以探查学员的行为变化。

······ 案 例 链 接 ··

新任教师教学风采展示活动的数据分析与访谈

2017 年 7 月，北京市教育学院组织了中小学新任教师首届"启航杯"教学风采展示活动，活动需要每位参赛选手提交教学设计，并进行说课和微格教学的现场展示。在此次活动中，海淀区新任教师成绩位居各区之首，一等奖获奖率 55%，超过市平均获奖率 39 个百分点。参加此次活动的新任教师在 2016 年 11 月至 2017 年 5 月刚刚结束自己的新任教师培训课程。从活动的获

---

① 王臣. 实施柯氏四级评估提升培训质量 [J]. 经贸实践，2015(10)：4-5.

奖情况来看，在培训结束之后，新任教师在教学基本功方面确实取得了很大进步，培训效果在短短一个月之内已经凸显。

新任教师培训结束约半个学期之后，参加"启航杯"活动的新任教师接受了记者的采访。关于之前的新任教师培训，两位老师提道：

"这个专业的培训让我的收获非常大。培训分为理论和实践两部分，并且是交叉进行的，所以当你听完理论以后，下一次就可以从实际的课堂中，看到这个理论是如何应用的。这样对你的掌握来说，是非常好的；最后的效果，也是很好的。"

"它让我从一个门外汉，一下变成了具有专业性的老师了，包括教案的撰写、备课、说课、讲课等都是一系列的，让我们全面成长。"

两位老师的反馈说明新任教师对培训内容还记忆犹新，并已将培训所学到的理论知识、技能方法等运用到教育教学实践中。除了新任教师自我的反馈，来自专家或者同伴的评估也同样重要。北京教育学院刘加霞教授读完《首届"启航杯"新任教师优秀教学设计成果集》之后，颇为感慨："边阅读边深深体验到每一位教师不仅仅在设计怎么教学的过程，更是在谋全局：研究学科教学内容的实质与教育价值；研究……"这也从侧面再次肯定了新任教师在培训结束之后，在工作岗位上彰显出的扎实教学功底。

⋯⋯⋯

在对学员行为层进行评估时，应然的状态应该是在相当长的一段时间之内来衡量由该培训项目所引起的教师和学生相关数据的改变量，而目前对教师层面的效果评估，仅仅是强调培训结束时的即时性评估，忽视了行为层评估的重要性。但是究竟"相当长"的时间是多长呢？这是一个很难说的问题，必须根据具体的培训内容来研究决定。此外，随着评估时间的延长，如何保证评估的效果是由某一具体的教师培训项目所引起的净效果问题也成为另一个挑战。

四、结果层：评估培训对学员所在组织带来哪些变化

第四层为结果层，即学员所在学校及周围教师是否因为培训而产生了变化。了解培训对学员所在组织机构、同事和学生是否产生影响，这种影响是否使学校教育教学质量、工作方式、工作效率产生了变化，以及变化的方向和程度，包括学生学业成绩有无提高、学生素质发展程度是否提高、班级文化和学校文化是否发生积极的变化等。教师培训中，主要通过一系列指标的测量来完成结果层的评估，如培训后教师队伍建设的系列指标（教师专业发展层次变化值、师德建设、教师专业化程度、科研成果等）和学生发展状况（学业成绩，学生德育建设，身体、心理及社会适应性状况等）。[1] 也有研究者指出对校长培训效果层的评估必须要有一系列测量指标为依据。包括教师队伍建设的一系列指标（学校名师变化值、师德学习载体的建设、教职工评价及考核方案、教职工师德职业荣誉感、教师学习及科研成果质与量等）；学生全面发展水平值（学生安全、学业成绩变化、入学与升学率、学生思想、身体素质）；学校资源开放度；学生、家长满意度及社会影响力等五项指标来分析培训，了解培训所带来的变化与价值。[2]

结果层评估主要采用访谈、比较研究、案例研究等方式开展。

首先，通过对学员所在学校的领导或同事进行访谈获取一些有利的证据，将与培训相关的因素抽取出来，考查学员接受培训的观念、知识和技能是否对学校其他教师产生了积极影响。

---

[1] 夏芳，李娜.“柯氏模型”在中小学校长培训评估中的应用 [J]. 大连教育学院学报，2013(2): 17-18.

[2] 夏芳. 论中小学校长培训评估的“柯氏模型”[J]. 教育科学，2012(1): 45-48.

新任教师培训追踪调研

　　通过对海淀区中小学新任教师培训后的跟踪调研了解到，新任教师回到学校后以更高的热情、更加严谨敬业的态度投入工作，用自身的行为影响着周围同事。正如某个学校反馈中提到的："培训催生了一支积极进取、具备基本教育教学能力的新任教师队伍，他们的热情、活力、勤于学习、不断进取的意识，感染了身边的同事，激发了其他教师发展的内驱力，带动了整个学校文化的积极改变。"

　　海淀培训者还通过对代表性学员的追踪研究，了解学员是否对学校及周围同事产生了积极影响。为此，项目组编辑了培训成果，如教学案例《初为人师》《激活教育智慧》、教育案例《爱与责任》《积淀教育情怀》、主题班会案例《立德树人　同心筑梦》等，作为下一届新任教师学习的素材资源。通过对下一届新任教师的访谈，了解到他们从之前培训成果中获得了教育教学思路上的开阔和策略上的借鉴，因此可以说，新任教师的成果对下一届学员产生了良好的影响作用。

　　其次，可借助对照组对培训前后的学员进行比较研究。如比较参加培训的学员的行为和未参加培训的学员行为差异，开展工作绩效的分析。

　　结果层是反映培训是否有效、有质量的最核心标准。何谓有效的、有质量的教师在职培训？在美国衡量的方法简单明了：教师参加了在职培训，其结果能够帮助学生达到所规定的学业目标，即证明这个在职培训是有效的、有质量的；学生学业成绩提高得越多，在职培训就越有效、越有质量。[①]学

① 陆少颖.基于柯氏模型的教师培训评估模型研究 [J].宁波教育学院学报，2013(6)：24-28.

生层面的改变是进行教师培训的根本出发点，真正有效的培训效果应该是最终在学生层面所体现出来的积极性的改变，比如学习方式的改进、学习效率的增强、学习成绩的提高等。但是评估学生是否取得进步存在一定的挑战。培训效果在学生层面的体现要比在教师层面的体现更具有说服力，因为从教师的培训课堂到学生的学校课堂之间出现了夹层，这使得预期的培训效果成为间接培训效果。而教学过程是一个缓慢而精密的过程，它并不像工厂生产商品或工程队修建房屋一样，可以在短时期内立竿见影，而且可以定量衡量。为此，我们还要继续探索。

第三节　促进学以致用的机制与策略

有人说：这个世界上最远的距离是知与行的距离。如果只是通过学习了解事物的理论原理、掌握相关操作方法，而不到实际工作或生活中去运用，那就失去了学习的意义，可以说"学以致用"是学习的核心价值所在。教师培训工作的目标和出发点是促进教师的教育教学改进，即实现工作中的学以致用。那么，在教师培训领域如何促进学以致用？有哪些策略和方法可以缩短知与行的距离，从而使培训的价值真正发挥？基于实践，目前做出的梳理如下。

一、"以终为始"设置培训目标，促进学以致用

"以终为始"设置培训目标，需要在培训项目设计之初定位目标时就思考培训目标的应用价值，考虑培训成果如何转化和应用，并将"以终为始"的理念贯穿整个培训过程。以培训成果的应用价值为出发点，确定目标、分解目标、扎扎实实地设计实现目标的每一步，以此提高培训的针对性。

坚持"以终为始"设置培训目标并贯彻始终的思路是：首先，确认进行该培训的目标，并尽可能将这些目标演化为可衡量的指标；目标的确定需要从国家和区域教育发展战略层面的社会需求、机构与组织层面的岗位需求和教师个人层面的发展需求三个角度来定位。培训目标的设置要具体、清晰、明确。需要受训教师经过进阶努力才能达到的培训目标，不仅要体现设计者的意图，更要能调动参训者的积极性，达到提高他们能力和水平的目的。其次，思考要达到这些目标，学员应当在行为上有哪些改变，并考虑这些行为应当如何固化，同时思考做出这些行为的改变应当在知识、技能或者态度等方面掌握哪些内容。最后，根据成人学习的原理，将这些内容进行有效组织，以确保学员能够较好地学习、接受和消化这些内容。每一个培训项目都按照目标导向这一思路进行设计，则项目实施之后的培训效果评估会相对比较明确；对效果如何也容易衡量，有利于应用。

例如，新参加工作的年轻教师，他们从学生身份升级为教师身份，必须了解教师职业的岗位要求——这其中，深刻体会师德修养的内涵，并落实到平常的工作中去，形成良好的职业认同，这既是岗位需求，更是个人需求和社会需求。为达成这一目标，海淀区中小学新任教师培训项目带领新任教师走进德育实践基地校，与师德高尚的教师近距离接触，了解他们的实际工作和生活，感受他们的专注和敬业；让新任教师结合自身工作岗位，进一步思考"教书育人"的价值和意义，撰写反思体会，从而更深地理解何谓敬业爱岗。

走进德育实践基地校这样的情境体验式培训活动，充分体现了"以终为始"的培训理念，充分考虑到成人学习的特点和师德教育的内隐性，避免了说教形式的师德教育带给新任教师枯燥、乏味的体验，为培训活动的顺利开展和后续的延展奠定了基础。

二、培训设计指向问题解决，促进学以致用

聚焦教师工作中的实际问题，提供分析问题的思路，帮助教师掌握解决问题的策略和方法。

成人学习的研究表明，成人学习更加关注问题的解决，可以说问题解决的过程即学习的过程。所以，在设计教师培训时需要聚焦教师工作中的实际问题，给教师提供分析问题的思路，通过培训帮助教师掌握解决问题的策略和方法。培训活动只有关注教师们实际获得，使教育行为实际发生，才能保证培训的有效性，避免培训项目不适应教师实际需求，浪费人力、物力和财力，这也是教师培训的底线要求。

例如，新任教师对学科知识的掌握和理解相对较强，但缺乏学生管理和教育的经验和技巧，课堂与班级的组织管理是他们工作中最大的问题和困扰。针对新任教师在班级管理方面不知道如何给学生立规矩，或规矩多、规矩经常变、规矩本身不合理、执行力差等问题，海淀区中小学新任教师培训项目开发了以下微课程："规则的构建""课堂管理小妙招""班级公约""尊重差异，让规则更有实效""享受班级的幸福生活"。微课是由来自一线的优秀教师结合自己的实践案例讲解应该给班级立什么样的规矩，如何给班级立规矩。微课给出的方法操作性强，而且紧密贴合新任教师教育教学的实际问题，能够有效促进新任教师学以致用。这样的课程，既关注到了新任教师的实际需求，又帮助他们架设了理论和实践的桥梁，受到了新任教师的广泛欢迎。

三、紧密结合教师工作实践，促进学以致用

帮助、指导和促进教师去"行动"，将学习成果迁移和转化到中小学教育教学实践工作中去。

教师培训不仅仅是让老师去"感动、激动"，更需要帮助、指导和促进教师去"行动"，将学习成果迁移和转化到中小学教育教学实践工作中去。所以，教师培训要以教师的课堂教学实践为基础，以教师的教学实践经验为起点，真正将教师培训根植于教师的教学实践活动。在进行培训项目设计时，有必要针对培训

内容应用的数量、频率、难度和重要性等方面对学员能够利用的实践机会进行调研和测量，以保证培训后的实践应用机会对于参训者巩固所学的知识和技能、提升工作绩效有切实帮助。

因此，在培训内容的选择上要关注教师的实践性知识，扩展实践类课程，以提升教师的实践性技能。另外，培训过程中还要特别注重教师的反思性实践，提升教师的反思能力。根据成人学习的相关理论，培训不仅要注重教师亟须的知识和技能的增加，更要改变教师内在的思想意识。教师培训需要考虑如何激发教师有意识地发掘自我概念，促进既有经验与新理念、新知识、新技能的交互，发生认知的改变。在培训课时有限的情况下，培训课程不可能为新任教师提供优化教学、专业成长的所有策略和技巧，因此，培训应从持续发展的角度出发，帮助教师获得支持其可持续发展的学习反思能力，促进教师的自我持续发展。

四、激发和保持参训教师的学习动机，促进学以致用

参训教师的学习动机和学习态度是最终实现培训成果转化的基础条件。为促进学以致用，需要在培训的过程中不断激发和保持参训教师的学习动机，使之乐于参与培训，乐于尝试培训所学，乐于思考、改进现有工作。

> 参训教师的学习动机和学习态度是最终实现培训成果转化的基础条件。

在培训过程中，我们要重点说明培训后能够得到的益处，帮助参训教师建立起努力与成绩之间的依存关系，帮助他们感受到本次培训学习和日后职业发展之间存在密不可分的关系。同时，有必要采取合理的激励和引导措施来强化教师的学习动机。例如借助优秀学员评选，为新任教师提供更多的公开展示机会；在新任教师培训之后，为他们提供进一步学习的途径；根据他们不同阶段的发展情况，为他们量身打造跟进措施，提升他们主动参与培训的热情；用着眼于新任教师持续发展的支持系统，使新任教师切实感受到成长。

例如，根据海淀区中小学新任教师培训项目的总体设计，针对新任教师发展的实际需求，培训者将一年的培训延展为三年的培养，为新任教师的发展制定进阶目标，帮助新任教师在自我实践、导师引领、同伴互助中不断提升自己的教育教学能力。

五、前后贯通系统设计，促进学以致用

设计培训项目时，可以采用制订多阶段培训方案的方式，使后面的学习内容能够支持前面学习内容的运用。

一个培训项目需要系统设计，前后要呼应和贯通，使后面的学习内容能够支持前面学习内容的应用。可以采用制订多阶段培训方案的方式，使培训方案经过系统设计分段实施。

每一阶段结束后，给参训教师布置合理的作业和任务，要求他们应用课程中所学到的知识、技能，并在下一阶段开始前将实践运用中的成功经验和其他参训教师分享。在确定他们掌握所学内容后，再开始新一阶段的学习。

例如，在海淀区小学数学新任教师学科培训中，每位参训教师需要完成独立进行教学设计、改进和完善教学设计、实施教学设计三个阶段，在每个阶段都要完成相应的任务，并在指导教师的带领下进行小组的讨论和考核，以确保参训教师扎扎实实完成每一阶段的任务，从而顺利进入下一阶段的培训。

同时，培训后需要及时跟踪调查，这也是在培训项目设计之初就应加以考虑的，以确保参训教师回到工作岗位后能够不断应用新学习的技能。因此，在培训结束后，培训组织者要依据参训教师的学习情况帮助他们制订行动计划，与学校管理者一起，对参训教师的实际工作表现进行跟踪、分析、监督，及时提供后续的辅导与服务。

提高学校管理者的支持程度和建立参训教师的联系网络，能够有效改善参训教师的工作环境，促进学以致用。

六、改善参训教师工作环境，促进学以致用

一方面，要积极发挥参训教师所在学校的督导与推动作

用，提高学校管理者的支持程度。在这方面，可以尝试的方法有：第一，教师培训部门要让参训教师所在学校充分了解教师所参加培训项目的内容，以及与实际工作的关系，获得学校对教师培训项目的重视与认可。第二，鼓励学校管理者引导参训教师将他们在工作中遇到的问题带到培训过程中，并作为实践练习素材，列入行动改进计划。第三，与学校管理者交流和分享在培训中收集到的学员反馈信息，以引起学校管理者足够的重视。第四，在进行作业或任务设计时，可以设计一些需要参训教师和学校管理者、学校同事共同完成的内容。第五，鼓励学校采取激励和强化手段，对培训后工作态度有积极转变、工作绩效有明显提升的学员给予表扬和相应奖励，进一步强化、扩大培训效果。第六，通过制度建设，鼓励学校为参训教师配备导师，加强一对一辅导，确保在工作中有效应用和巩固培训所学。

另一方面，建立参训教师的联系网络。通过建立学习小组或其他形式的联系网络，促进学员之间相互帮助、相互激励，共享成功经验。

我们的思考

1. 对于教师培训效果评估，不仅要了解评估的内涵、价值、方法、模型，还要关注在实践层面的评估设计、实施，要用批判的眼光审视目前教师培训评估存在的问题，创造性地应用经典评估模型对培训效果进行评估。

2. 无论是培训过程中的评估，还是培训之后的评估，都是为了发挥评估的激励、导向、监控与发展功能，以期最大限度地促进学员的学以致用。

你的思考

第五章

新任教师培训
方案和实践案例

本章关键问题

1. 如何多角度、多渠道开展需求调研以期发现真问题？

2. 怎样分析需求，定位恰切的培训主题，指向新任教师的真正发展？如何围绕主题，设计课程与评价，以谋求更好的培训效果？

3. 如何进行培训后的行为追踪测试培训，引发教学行为路径的转变？

新任教师培训要取得好的效果，就要基于新任教师的需求和遇到的真实问题，量身打造出适合他们阶段发展的课程体系，在系统的培训后，帮助新任教师实现专业的启航。这其中，从需求调研到评价设计，要形成自洽的一体化流程，真正作用于新任教师的需求点，实现培训供给侧的效能最大化。

刚刚走向工作岗位的新任教师面临多重压力，既需要尽快适应教育教学工作，又需要参加培训学习以提高专业素养。为解决新任教师的实际问题，我们开展了任务驱动的现场与线上结合的混合式培训探索。

任务驱动的现场与线上结合的混合式培训

——小学数学新任教师学科培训方案

北京市海淀区教师进修学校　刘　锌　牛永生

一、培训背景

数学学科是提高学生科学素养的核心学科之一。数学教师专业素养的提升对学生数学思维与能力的提高具有至关重要的影响。新任教师刚刚走向工作岗位，有一定的理论基础，但缺乏实践经验，为了帮助新任教师更快适应教育教学工作，提高专业素养，根据市、区教委相关规定，需要对该群体进行系统培训。

综合以上情况，特制订本培训方案。

二、培训对象

北京市海淀区 2016 年入职的小学数学新任教师 120 人。

三、需求调研

为了提高培训的针对性，帮助新任数学教师解决教育教学中的实际问题，我们特意对新任教师培训需求做了调查。我们以行为导向的需求分析进阶模型为工具，开发了调研工具，依托问卷网面向参训新任教师和新任教师身边的优秀教师开展问卷调研，并辅以访谈调研。结果显示，新任教师在经过一个学期的教学实践后，认为他们在以下方面亟待提升：小学数学课程标准的理解；小学数学教学内容的整体理解、分析与把握；课堂教学中的提问。对优秀数学教师进行的调研结果显示：优秀教师认为除以上几方面，新任教师在学情分析以及教学实施整体方面还需要提高。结合对两个群体的调研结果，可以看出新任教师更多地关注教学设计，较少意识到自身教学实施方面的不足。另外，调查结果还显示，新任教师期望培训组织、形式是丰富多样的，并特别希望能有更多的在专家指导下进行听评课和创设实践的机会。

四、培训主题

这次培训的主题是：基于教材梳理和学情分析的教学设计与实施基本功提升。

五、培训目标

（一）总体目标

围绕"基于教材梳理和学情分析的教学设计与实施基本功提升"，开展学科教学基本功培训，促使新任教师深刻理解核心素养的育人理念，初步掌握科学的教育方法和有效的教学技能，适应教育教学工作的需要，成长为一名合格的数学教师。

（二）具体目标

（1）通过教学设计的学习和训练，更好地把握教学设计中教材梳理、学情分析两个重要方面，提高教学设计能力。

（2）通过专家指导下的听评课、实际上课，关注教学过程中的教学提问与反馈、教学语言运用等学科教学技能，重点提高小学数学新任教师的课堂实施基本功。

（3）深入了解小学数学的学科特点，发展数学素养和数学思维。

六、培训时间

2017年3月—6月，每周三上午8：30—11：30，共10个半天，40学时。

七、课程设计（见表1）

表1　海淀区小学数学新任教师培训方案

序号	培训内容	学习要求与形式	培训目的
	开班仪式，解读培训方案	建立班级微信群； 分组，每8人分为一组，安排一位导学教师指导	破冰，建立学习共同体； 规范管理
1	数学青年教师课堂教学实施基本功提升经验分享 案例式讲座：基于教材梳理和学情分析的教学设计	互动研讨交流	获得最贴近自身的经验； 获得基于学员实际问题的教学设计思路和基本方法
2	基于教材梳理和学情分析的教学设计	自行学习网络课程中教学设计部分； 小组研讨确定本组研究内容； 微分享交流（导师选择主题，固定时间在微信群分享、答疑）； 小组分工协作进行教材梳理和学情分析； 自行进行教学设计并上传平台，导学教师点评； 小组网络讨论教学设计，经导学教师指导后确定教学设计，上传平台	在学习共同体中研讨交流；进行梳理教材和分析学情的实践，在同伴互助和导师引导下修改、完善教学设计
3	基于教材梳理和学情分析的说课	对如何说课进行微分享交流； 小组网络研讨； 小组集中说课，导学教师指导并改进； 说课学员修改教学设计，上传平台	在说课中不断完善教学设计，厘清教学思路与策略，为进一步开展教学实践做准备

续表

序号	培训内容	学习要求与形式	培训目的
4	基于教材梳理和学情分析的课堂教学实施策略	自行学习网络优秀案例； 集中下校观察优秀教师常态课两次； 进行微分享交流； 网络研讨课堂教学策略 小组成员集体备课，导学教师答疑指导； 小组集中上课，导学教师指导听评课； 小组研讨，上课学员修改教学设计，上传平台	开展课堂教学实践，梳理课堂教学实施策略
5	教学案例 教学小论文	自主学习，梳理成果，听取网络课程； 微分享交流：学员案例分享； 梳理研究过程，形成研究论文或案例，上传平台	回顾反思； 梳理成果
6	结业仪式 新任教师论坛	每组1~2名新任教师汇报研修成果	交流分享； 固化成果

八、培训模式与方式

利用"北京市小学数学教师专业研修远程培训"项目平台，开展任务驱动的线上线下结合的混合式培训。

（一）任务驱动

每位学员通过此次培训要完成一次完整的教学实践（教学设计、说课或上课、教学反思）。

（二）网络研修

（1）与小学数学教师专业研修网合作，共同开发课程，学习者通过登录课程网络平台，浏览资源，学习课程，与同伴和导学教师互动，交流经验和心得，上传作业，沉淀资源。由此构建交互式、合作式学习环境，增强学习者的学习体验。

（2）利用微信平台，建立班级微信群，随时随地提问、讨论、答疑。

基于微信的微分享：根据学员需求和培训需要，聚焦一些专题，由导学教师根据自己的兴趣和专长认领，在固定的时间通过微信群给学员做微讲座，学员实时提问、讨论；后期发布学员的研究成果。

（三）小组研讨

确定 5 所基地校，根据参训教师学校位置、学段进行分组，每 8 人一组，安排一位导学教师指导，参训教师在小组内根据实际培训需要选择研究、互动的方法。每个导学教师组内再分 2 个主题研修团队，根据学员的需求、学段、兴趣等确定研究专题，大家共同学习、讨论、研究教学设计、说课、试讲等。

（四）课例研修

对线上大量课例资源、一线优秀教师常态课进行研修。

（五）互动讲座

开展基于教材梳理和学情分析的教学设计、数学青年教师专业成长经验分享等讲座、交流活动。

（六）实践演练

导学教师指导说课、上课、听评课等。

九、培训特点

（一）现场与线上相结合

本次培训与小学数学教师专业研修网合作，共同开发课程，配合现场研修课程在线上安排了大量的、可选择的、分阶段的、系统化的课程供新任教师结合自己的需求和研修任务灵活选择学习；利用微信群开展聚焦主题、由导学教师所做的微讲座，学员实时提问、讨论，构建交互式、合作式学习环境。现场课程更加关注体验性和实践性，新任教师在培训中经历完整的、精心打造的教学实践过程，为后续发展打好基础。

（二）教学理论与教学实践相结合

本次培训侧重理论与实践的结合，教学实践贯穿整个培训始终，教学理论在培训过程中不断得到学习和应用，理论讲授中穿插实践案例，并设置实践观摩、交流探讨等环节，丰富学员的实践知识，提升其理论联系实际的能力和意识。

（三）自主性与互动性相结合

本次培训坚持以人为本，尊重成人学习规律，课程实施基于新任教师自身问题展开，以期打开学员的思想之门，促进他们主动积极参与学习交流、激活和挖掘自身潜力，提升他们的自主学习和发展能力。同时，此次研修培训安排了相当数量的互动交流活动，旨在通过学员与学员、学员与导学教师的坦诚交流，充分激活思想、碰撞智慧，形成良性的理论探讨和实践总结氛围，促进共同提高。

（四）骨干教师优质录像课与平时常态课相结合

本次培训既有优秀骨干教师的线上优质录像课资源供学员研习，也要带领学员深入一线优秀教师常态课，目的是让学员既能观摩理想状态下的教学，又能看到真实教学情境中优秀教师如何实施教学、如何评价与反馈、如何处理课堂中的突发情况等。

十、培训作业

（一）教学设计

要求：紧密结合学科培训内容、联系教学实际，整体把握、分析教材和学情，撰写一份完整的教学设计。

（二）教学案例或教学小论文

要求：紧密结合学科培训内容，根据研修过程和小组研究成果，梳理反思，撰写一篇教学案例或教学小论文。

（三）教学实践视频

要求：对培训过程中说课、上课的实践进行录像。

我们的思考

　　培训发现，新任教师更多地关注教学设计，较少意识到自身教学实施方面的不足，所以，我们结合新任教师工作实际情况，任务驱动，构建学习共同体开展混合式研修。

你的思考

_____

_____

_____

_____

_____

如何全面了解，准确、客观地把握新任教师的培训定位？这就需要在培训前及时了解新任教师培训需求与教学问题，精准定位教师培训需求，这样才能有效确立培训主题，设计培训课程，规划培训方案，使培训实际有效。2016—2017 学年小学语文新任教师培训就对此起到了示范作用。

多方调研　精准定位需求
——小学语文新任教师培训课程设计案例

北京市海淀区教师进修学校　王化英

一、建立理想模型——基于需求　始于问题

2015—2016 学年，我们走进学校，开展了以问卷为主、访谈为辅的需求调研，请学员和 20 名教学干部或市、区级骨干教师对小学语文新任教师教学理想行为进行具体描述，作为我们的理性模型。这为我们2016—2017 学年小学语文新任教师培训确认需求、规划课程、有效组织培训活动提供了重要的参考和借鉴。

> 需求调研要寻找理想行为与实然状态的真空地带。

> 共性问卷调研与个性观察访谈结合推进，以期准确定位需求与问题。

二、设计需求调研——立足理想行为　寻找发展空间

在培训需求调研内容的设计上，我们以理想行为为标准，定位教师教学的应然状态，并以此为标准测试新任教师的实然状态，寻找教师的最近发展区，定位发展空间。

具体可从培训内容、培训形式、培训师资和研究课型的角度设计问题，从而更贴近教师的发展需求。

在以问卷为主要形式进行调研的同时，我们还采用了更多样的形式和渠道对新任教师的行为进行诊断，这样才能更加真

海淀区小学语文新任教师需求调研问题

2016—2017 学年海淀区小学语文新任教师培训需求调研问卷

实地接近新任教师的本真。2016—2017 学年，与海淀区学科督导工作融合，除对 144 名小学语文新任教师进行问卷调研外，我们还对 26 位新任教师进行了课堂行为观察与课后个性访谈，从教材解读、教学设计与实施、教师基本功、校本培训的内容与指导、个人发展规划与当前面临的问题等角度展开，以求得出更加有针对性的需求与共性问题。

三、分析调研结果——关注困惑　提炼需求

调研的目的指向是培训的方向，聚焦教师的困惑，精准定位他们的需求，才是需求调研的价值所在。以下是新任教师的具体困惑和我们对此的思考。（见表 1）

表 1　海淀区小学语文新任教师需求调研的困惑与需求

内容	学员的困惑与需求	我们的思考
教材分析	对教材的再开发，因语文教材都是以选文的形式出现，所以对教学内容的提取、梳理更加重要，首先需要明白这篇课文最需要教什么； 对教材不能准确把握，需要对教材把握到什么程度？如何抓住教材重点； 对教材的分析不够深刻	小学语文新任教师自身对语文教材的理解、把握至关重要，这是备好一节课和上好一节课的基础
教学组织	班级管理能力欠缺，教学效果无法保证； 如何培养孩子们良好的行为及学习习惯； 教学组织怎样使课堂更活跃，学生能够积极参与； 如何紧密安排组织教学，使课堂教学流程衔接紧密而又过渡自然	我们的教育对象是小学生，根据小学生的年龄特点，能够进行良好的课堂教学组织成为新任教师达成教学目标、完成教学任务的前提条件
问题设计	如何设计出有针对性、能够引发学生深度思考的问题？ 如何设计合理清晰的问题？如何对学生的问题进行相应的反馈与评价？ 如何设置提问方式？如何引导学生提更好的问题？	问题设计是一节课的核心，新任教师如何设计有效的问题和引导学生主动提出问题、探究问题、解决问题至关重要
学情分析	把握学生的学习特点，设定学生的最近发展区有些吃力； 学生的起点在哪里？他们已经学会了哪些内容？授课的内容应掌握到什么程度？知识点如何落实？ 对学情分析不熟悉，学情分析欠缺，不能深入了解学情	希望新任教师在备课中一定关注学生，学习合理、正确地分析学情，让学情分析真正进入教师备课的视野

续表

内容	学员的困惑与需求	我们的思考
教学方法	运用怎样的教学方法才能达到预期效果，实现教学目标？ 怎样具体运用多种教学方法？如何运用多种有效的手段和方法提高课堂效率？	教学方法决定学生的学习方式，体现学习效果和对学生的能力培养。新任教师由于教学经验不足，教学方法匮乏，需在培训中重点研究

（一）培训内容聚焦

（1）教材把握：首先，如何正确分析教材成为首要问题；其次，如何把握不同体裁的课文内容，如何把握教材与学段目标的衔接，如何把握教材知识点、重难点等，也是教师关注的问题。

（2）课堂主要活动与提问的设计：如何设计贯穿整节课的问题引发学生思考；如何有效地设计问题；问题设计达不到预期效果怎么办；如何引导学生准确地回答问题等。

（3）学情分析：学生活动设计无法抓住学生的兴趣点；教学方法不能达到预期目标；教学方法单一，不能调动学生的积极性；等等。

（4）部分教师的专业知识有待提升：在教师个人语文素养方面，因为非中文专业者占到三分之一以上，因此，新任教师应加强学科本体知识的学习，如提高汉字文化与汉字书写、朗读方法与朗读教学、语言表达等基本功等。

此外调研后，通过干部访谈，总的感觉学校对新任教师充满期待，评价比较客观；但是新任教师自我评价较高，自认为十分符合和比较符合的项目较多，这也说明其教学经验不足，对自身缺乏客观认识。

（二）培训主题提炼

基于调研结果，我们确定培训总主题为：提升培训的针对性，指向培训的实效性，提升新任教师培训的获得感。而2016—2017学年新任教师的培训主题则是：提升小学语文学科教学设计能力，涵盖重点关注教材分析、问题设计两个方面的内容，关注教材的文本分析及其教学化的过程。

（三）培训形式与师资确定

调研发现，新任教师最喜欢的培训形式是课例分析、听评课、讲座、一对一指导等；最喜欢的师资为优秀的一线教师、特级教师、市／区骨干教师。由此可见，优秀的一线教师最具丰富的实践经验，新任教师更希望接受来自鲜活的课堂一线的优秀师资的培训，这样更容易发现共同的问题，对问题的解决策略产生共鸣。这就给我们的一个启示，我们应该聘请不脱离一线语文教育教学实践的特级教师和市骨干教师。

四、设置培训课程——回应困惑与需求

课程作为新任教师培训的载体，直接影响着培训效果。合理的课程设置是实现中小学教师培训目标、完成教师培训任务的基本保证。因此，前期的调研、主题内容的确定都是课程设置的前奏，高水平的课程设计才可能形成高质量的培训效果。课程的设计要形成基于问题、指向解决、评价效果的闭环。

基于教师的困惑，我们提炼出 2016—2017 学年培训的主题是提问与讲解技能，并据此来设计培训的课程内容和具体形式。（见表 2）

表 2 海淀区小学语文新任教师培训课程设计

序号	课程内容	培训形式	回应的问题与预期效果
1	讲座：如何基于课程标准进行教学设计 学员围绕教学设计提出问题，互动交流 作业：文本解读《凡卡》	案例式讲座互动	把握课程设计的基本理念与年段目标，以文本为载体实现教学转化
2	小学语文文本解读及教学设计 共同解读《凡卡》 作业：预习《大熊猫》	案例式讲座互动	以课例为载体，进行实战演习，帮助新任教师实现从理念到行为的迁移，同时以名家名篇的解读提升教师的文学素养

续表

序号	课程内容	培训形式	回应的问题与预期效果
3	课例分析与分享：以《下雪的早晨》为例进行文本分析及教学设计	批注式讲座	新任教师以小组为单位走进设计背后的意图，形成对文本的深度认识
4	汉字调研问卷 讲座：汉字学与识字教学 作业：预习《下雪的早晨》	讲座 互动	回应教师基本功中存在的问题，帮助教师提升对汉字学的认知，并以此为基础进行识字写字教学的指导
5	研究课2节——低年级识字课 授课者教学反思 集体研讨 专家点评 作业：自选一节课进行教学设计	听课 评课 反思	根据新任教师中低年级教师居多的特点，从年段特点到认知特点再到识字设计，让教师找准定位
6	研究课2节——中高年级阅读教学 授课者教学反思 专家点评 作业：自选一节课进行教学设计	听课 评课 反思	精心挑选不同年段不同文体的两篇课文，通过观摩、说课、研讨，从实践层面清晰概念
7	学员研究课2节 授课者教学反思 集体研讨 专家点评 作业：修改教学设计	听课 评课 反思	展示新任教师的研修成果，把认知转化为实践操作
8	分组修改教学设计	导师与学员一对一指导	进行个性化的指导，让指导更加具有针对性。同时从导师的反馈中了解培训情况
9	基本功测评： 教学说课、教学技能展示70分、200字左右朗读片段考核10分、板书考核10分，古诗文解读10分 学员答辩5分钟 名师点评	基本功考核	通过教学说课、教学技能展示、答辩、板书考核等内容考查新任教师的学习效果，同时测试培训效果，回应培训主题
10	新任教师测评优胜者进行教学说课与板书设计的展示 点评并讲座：板书设计 班主任做学科培训总结 问卷反馈，评选优秀学员	展示 总结	说课教学技能展示及板书展示、讲座、总结交流

我们的思考

1.新任培训的课程设计要依据新任教师的培训需求和教学问题而确定，让培训课程指向教师当下的专业诉求，帮助其实现角色转型，奠定专业起步的基本技能。

2.培训前的需求调研以新任教师问卷为主要形式，同时采用行为观察、教学管理干部和教研组长调研等更多的形式，通过更多的渠道进行新任教师行为诊断，更加真实地接近新任教师的教学本真。

3.需求调研与培训主题、课程之间要形成连环式行为推导，从需求调研到培训内容、培训主题再到方式与师资，形成结构化的培训框架。

你的思考

_____

_____

_____

_____

_____

完成作业是教师培训过程中的重要环节，完成作业的过程是学员知识巩固和消化的过程，是学员独立思考的过程，也是学员在资源学习和课程研讨的基础上运用和创造的过程。如何通过作业设计与实施促进新任教师反思能力的提升，提高反思自觉性，使反思更聚焦、更深入、更富有逻辑？2016—2017 学年小学英语新任教师学科培训就对此进行了有益的尝试，取得了一定的效果。

运用焦点讨论法促进新任教师反思能力的提升

——小学英语新任教师学科培训作业设计与实施案例

北京市海淀区教师进修学校　樊　凯

教师的专业成长是一个复杂而漫长的过程。美国学者波斯纳（Posner）提出教师成长的公式是：经验 + 反思 = 成长。可见，反思是教师专业成长的助力器，教师反思能力则是教师专业成长的重要标志。教学反思应贯穿于整个教学生涯，而不是某一阶段的特殊任务。

一、焦点讨论法（ORID）为新任教师反思能力提升提供了一个有效工具

《义务教育英语课程标准（2011 年版）》把培养学生的综合语言运用能力作为最核心目标，明确了义务教育阶段英语课程工具性和人文性的双重性质，即学生通过英语课程不仅要发展语言运用能力，还要发展思维能力，从而全面提高综合人文素养。英语教育除了培养学生初步运用语言的能力，也通过语言学习，使他们学会另一种思维方式，包括发展使他们能健康成长的积极心理品质，发

> 一个不断发现问题、分析问题和解决问题的过程，是教师专业化发展的重要途径。

展个性和各种美德。由此可见，课标视角下的教学反思要求教师基于英语课程的工具性和人文性，对教学过程及其背后隐含原理和理念进行剖析和研究，突出问题意识、能动性和过程性，其目的指向促进学生综合语言运用能力的发展，帮助教师解决实际的教学问题，提升教师的专业化水平。

然而，以往学科培训发现，新任教师对于学习过程的反思自觉性不高，主要因为要完成学习任务或要求而被动地进行反思：反思的途径与方式比较单一，以学习总结、学习感悟为主；反思的内容局限于课堂教学，主要针对课堂教学效果以及重难点的落实情况展开；反思水平不高，大部分停留在提出问题的阶段，难以深入分析并提出解决办法或将反思结果升华到理论的高度。

教师的反思意识和能力不是与生俱来的，需要经过理论指导和专业培训，否则教师就会囿于同水平的重复。有没有一种有效的方法可以促进新任教师反思能力的提升呢？基于这样的思考，我们终于发现一个可以确保学习者思考进阶的有效工具——焦点讨论法（ORID），它可以给教师的思维提供一个有效的逻辑框架，帮助教师提升思考力和学习力，使反思更聚焦、更深入、更富有逻辑。

> 理论指导和专业培训，可以有效提升教师的反思意识和能力。

焦点讨论法一般有四个层面：

O-Objective 　客观性层面：事实、信息、资料（从感官获得）；

R-Reflective 　反应性层面：情绪、感觉、联想；

I-Interpretive 　诠释性层面：价值观、含义、目的、观点、意义、暗示；

D-Decision 　决定性层面：新的理解、决策、行动。

焦点讨论法是引导学习的最佳方法，为我们提供了一种可操作的方式。这种方法可以引导学员记录当天所学，帮助教师厘清自己的思考，更全面地理解所学内容，激发探究深层次意义技能的积极性，使学习变得更有意义。

基于以上认识，我们在2016—2017学年小学英语新任教师学科培训作业设计中，开始尝试运用焦点讨论法促进新任教师反思能力的提升和自身的专业发展，切实提高了培训课程实施的成效。

二、采用焦点讨论法促进新任教师反思能力提升的有益尝试

（一）开展焦点讨论的准备：构建丰富多样的培训课程

2016—2017学年小学英语新任教师学科培训的主题为"基于学生研究的小学英语教学设计能力的提升"，课程内容紧紧围绕小学英语学科教学基本功展开，聚焦阅读课，整合各种优质培训资源，采用中外专家引领、团队教研、主题工作坊、课堂观摩、微型课堂等多样化培训形式，促进学员"听"有所获，"观"有所思，"做"有所得，"思"有所悟。（见表1）

> 丰富的培训课程、多样化的培训形式，是促进新任教师进行高质量反思的催化剂。

表1　2016—2017学年海淀区小学英语新任教师培训课程设计

序号	课程模块	课程内容	培训形式
1	教学理论	立足文本解读，优化教学设计，落实核心素养	专题讲座
		年轻学习者的教学原则（Principles of Teaching Young Learners）	主题工作坊
2	教学方法	英语绘本教学——如何激发学生兴趣	课堂观摩
		英语绘本教学——如何启发学生思维	课堂观摩
		做有厚度、有温度的英语教学	专题讲座
3	教学技能	英语课堂真实互动与活动设计	专题讲座
		为学生而改变——给新任教师的建议	专题讲座
4	教学实践	分组教学实践、追踪与指导	听课研讨
		教学基本功测评	微型课堂

四个层面的思维逻辑结构：

【我观察到】事实或可直接观察到的信息；

【我感受到】分享联想和感受；

【深层理解】挖掘意义、价值、重要性等；

【我的行动】结论或决定。

（二）参训教师运用焦点讨论法总结学习收获

在每一次培训课程结束之后，我们引导教师进行焦点讨论，回顾、反思自己的学习历程，用 ORID 框架（见左框）讨论并记录自己当天所学，更全面地理解所学的内容，使反思更聚焦、更深入、更富有逻辑。

三、实施效果

整个培训结束后，我们共收到 351 份使用 ORID 的文本，这切实促进了教师更全面地理解所学内容，达到了学以致用的目的，获得了良好效果。

学员 1：每次培训后我们都需要写一个培训汇报，这是我们对于学习的反馈，包括我们的观察、深度理解和反思。随着一次又一次的培训，我们收获颇丰：心得更多，技巧更多……

学员 2：新任教师培训，说长也就历时两个多月，说短却也收获了十次不一样的体验。想想最初为了完成任务而提交每次的收获心得，到后来是真的有所启发、有所感言、忍不住落到笔尖。之所以能有这样的转变，是因为每一次的学习都是那么有针对性、那么有意义、可以去借鉴。培训结束后，我将记载了密密麻麻一沓子笔记的培训手册又仔仔细细翻看了一遍，感慨万千。培训虽已结束，但满满的收获早已充实心田。感谢！真的感谢！未来的我仍会继续努力，挥洒热血，灵活应用所学，做一名优秀的英语老师！

四、运用焦点讨论法，促进教师反思能力提升的分析与讨论

通过在小学英语新任教师学科培训作业设计中运用焦点讨论法，促进参训教师反思能力提升的实践，我们欣喜地发现，新任教师使用 ORID 框架撰写学习收获较以往思路更加清晰，结构更加完整，内容更加聚焦、深入、富

有逻辑。更令人欣慰的是，新任教师对于学习过程反思的自觉性和水平均有所提高。最难能可贵的是，绝大多数新任教师能够结合自身的教学实际，深入分析教学中的各种问题并提出解决办法，还有部分教师已经能够将反思结果升华到理论的高度。

（一）关于教学理念

教学理念直接影响教师对具体教育问题的判断，进而影响其教育行为的实施。英语教师应当基于课标，从教师观、学生观、教学观等多个角度反思自己的教学理念。在运用 ORID 框架撰写自己的学习收获时，老师们已经开始站在学生的视角重新审视自己的教学工作，更多的老师开始反思："作为一个授业者应如何定位自己，如何站在孩子的角度去反思自己的课堂，如何让自己的课堂变成孩子们朝思暮想的课堂。"

更难能可贵的是，很多新老师能够认识到学生的独特性，同时能够"考虑学生的认知发展水平和身心发展特点，基于学生的实际语言能力和英语课程目标，设计恰当的教学活动和内容，促进学生发挥英语学习的主观能动性"。课标理念下，教师不仅在课堂内外扮演引导者、组织者、合作者和促进者的角色，还是教育教学的研究者。[①] 这也是实现教师从知识传授者到学生学习促进者转变的前提条件和教师专业发展的应有之义。

（二）关于教学方法

"教学有法，但无定法，贵在得法"。一节课的成功与否，首先取决本课的教法设计是否合理。绝大多数教师通过学习进一步明确了活动设计的基本原则，如"不能只看活动的趣味性，还要进一步探究活动是否服务于教学目标""要在一节课中创设多种活动，以迎合不同学习方式或依靠某种智能学习进步的学习者""教师要让尽可能多的学生在课堂上都有所提高和发展""创

---

① 王蔷. 英语教学法教程［M］. 北京：高等教育出版社，2000：230.

设真实的活动和交流情境，让学生学会用英语做事情和解决问题"……很多新任教师表示"将育人目标融于始终，努力上好每一堂课。发展学生的思维品质，关注英语学科的育人价值。同时，提升自己的专业素养，学会分析文本，深挖文本，提高自身对于文本解读的能力"。新课程要求英语教师应基于具体教学内容和学情，考虑不同教学方法的理论依据、利弊、可行性，灵活运用多种教学方法。这就要求新任教师对不同外语教学方法的原理、实施过程和效果进行反思，关注学生在语言学习过程中的感受和体验，促进学生高效学习。

（三）关于教学技能

英语教学技能指的是在英语教学过程中，教师所表现出的对英语教学理论知识的认识和教学时机操作方式上所应当具备的行为规范。参训教师通过观摩优秀课例、亲身参与微课展示发现："作为老师，对于细节的掌控至关重要。成就一个完美的课堂，教师不仅要有充足的教学准备、详细的教学设计，还应该注意到每一个细节，甚至课堂中的每一句指示语、每一个教学示范动作。"有的老师认识到："真实的情境有助于提高学生的阅读兴趣，更加投入语言的学习；而高质量的问题有利于推动学生的思考，培养学生思维能力的提升。"还有的老师发现："有效的问题设计不仅能够为学生提供语言支架，而且利用不同层级的问题可以促进学生思维能力的发展。"

现代信息技术的发展为教学反思提供了便利，录像或现场课观摩可以真实全面地反映教与学的过程，使更多的教师能够捕捉教学细节。借助课堂观摩、教学录像和录音，教师可以和专家或者同伴一起观看自己或他人的教学录像并进行评课，能够以旁观者的身份认识自己的强项和不足，基于"教材、学生、教法"三要素优化教学设计并主动调整自己的教学方式、教学技能、教学策略等，基于自身的教学实践，反思自己在英语教学技能方面存在的问题并且有针对性地进行练习和改进。

　　反思贵在持之以恒。新任教师更需要逐步形成对自己的教学活动进行经常性反省的习惯，更好地监控和改善自己的教学行为。一个教师只有客观地进行分析，认识自己或他人，认真反思自己，才能真正从成功中看到新的希望，在差距中找到问题所在，并寻找解决问题的方案。一个成功的教师就是在教学中反思，在反思中积累经验，在经验中学习而不断成长起来的。反思是教师成长的必由之路。

我们的思考

　　1.教学经验是教师发展的起点，有理论支持的系统的教学反思能够使教学经验更有成效，得到更充分的利用。

　　2.对新任教师而言，运用焦点讨论法开展教学反思是一种行之有效的好方法，这样反思的内容更结构化、更全面、更立体、更深入。

　　3.反思是教师发展的重要基础。反思贵在持之以恒，新任教师更需要逐步形成对自己教学活动的经常性反省的习惯，以便更好地监控和改善自己的教学行为。

你的思考

新任教师培训是职前培养和职后研修的桥梁，如何在有限的时间内让新任教师学有所得、学以致用？这就要求培训者从新任教师的课堂出发，了解他们的已有经验，发现真问题、把握真需求，结合国家对体育课程的要求，构建模块式培训课程和教师间的学习共同体，从案例入手，有目的地解决教学中的实际问题。

以学习者为中心，构建模块式培训课程

——小学体育新任教师培训课程设计案例

北京市海淀区教师进修学校　谢　娟

一、走进新任教师的课堂，了解教师的工作经验和环境

我们不仅要了解教师的教学问题，还要了解教师的已有经验和成长环境。

建构主义学习理论认为，学习是一个积极主动的建构过程，学习者不是被动接受外在信息，而是根据先前认知结构主动地和有选择性地感知外在信息，构建当前事物的意义，知识是个人经验的合理化。新任教师的职业经历、社会经验、知识储备、个性特长都会对其体育教学的认知和行为产生影响。随着社会的发展，学校体育的外延越来越广，体育教师的来源也日益多元。师范生、体育和非体育专业毕业生、社会俱乐部教练、退役运动员等，都逐渐进入小学体育教师的队伍。面对这样一个复杂的群体，要构建有针对性的培训课程，就必须从了解新任教师开始。

以海淀区为例，新任教师专业课培训在3—5月进行，但前一年7月，这些教师就已经进入学校开始教学工作。为了更准确地找到新任教师的"起点"和"问题"，我们必须走进学校，在观察新任教师常态课的基础上，进一步了解新任教师工作成长的经历和环境，如体育组是否有定期的教研活

动、新任教师是否有固定的指导教师、新任教师是否有带队或教学实习经验等。新任教师的成长需要时间和空间，我们要尽量全面地收集基础信息，这样才有助于制定集中培训之后的持续跟进和指导计划。

二、从课堂出发，多渠道收集需求，多角度分析需求

了解教师需求的方式有三种：问卷调查、面对面访谈和课堂观察，三者相结合，能够比较全面地了解教师的共性问题和个性需求。访谈和课堂观察是制定有效问卷的基础，在新任教师人数较多的情况下，可以抽取部分学校进行前期的课堂观察。（见表 1）

表 1　课堂观察的内容

观察项目	具体内容
教案	教案格式、内容安排
口令、姿态	队列口令、声音（大小、节奏、快慢）、教师站位、服装、姿态
示范动作和位置	动作准确度、示范位置
语言运用（讲解、指导、提问）	讲解是否便于学生理解、与学生的互动情况
课堂管理	调队、对基本学习纪律的落实

问卷调查可以分为培训需求调查、新任教师自评调查、骨干教师评价调查等类别。通过自评和他评问卷结果的对比，可以进一步了解新任教师的教学现状与学校期望水平之间的差距；通过培训需求调研，可以了解教师在近期最需要解决的问题，便于安排培训课程。（见表 2）

表2 培训需求调查内容

项目	问题
培训内容	感到难以把握的教学内容（田径、体操、武术、球类，每一类写出具体内容）
	最需要提升的基本功，按程度打分（1分为不需要，5分为非常需要）：（1）学科专业知识，国内外教育理念；（2）课标解读；（3）教材分析；（4）学情分析；（5）教学目标及重难点确定；（6）教学流程及教法设计；（7）专业运动技能；（8）教法选择与学法指导；（9）师生关系处理；（10）教学情境设计和场地器材使用；（11）其他
	遇到的教学困惑：（1）良好师生关系的建立；（2）课堂纪律及学生常规的建立；（3）不熟悉教材的组织实施；（4）对学生情况的把握，因材施教；（5）教学文件（学年计划、学期计划、单元计划等）的制定；（6）对学生学习情况进行评价；（7）教材重难点的确定；（8）突发事件的处理；（9）其他
培训师资	希望的培训师资：（1）大学教授；（2）一线兼职教研员、骨干教师；（3）市级教研员；（4）特级教师；（5）学校/区级行政管理人员；（6）其他
培训形式	希望的培训形式（最多三项）：（1）实践练习；（2）同伴互助学习；（3）评课议课；（4）案例分析；（5）专家讲座；（6）其他

课堂观察、问卷调查、个别访谈，多管齐下，了解教师需求。

　　近几年需求调研问卷结果显示，新任教师的培训需求有共性特征。例如，他们最急于解决的问题是"课堂纪律管理"，这主要表现为"无法控制课堂、个别调皮学生不知如何处理、把握不好师生关系的尺度、学生不听讲"；其次是"突发事件处理"，主要表现为"学生之间矛盾处理""突发事件处理程序""应急措施"；再次是"学情分析和因材施教"，主要表现为"调动学生积极性"和"特殊学生的指导"，他们难以把握的教学内容主要为"体操"和"武术"。从课堂观察的结果来看，新任教师在建立教学常规时缺少策略和方法，对部分教材的解读存在偏差。

三、基于需求调研，确立培训目标

　　基于上述调研分析，我们可以确定新任教师培训目标。

　　（1）通过梳理各水平阶段的教学内容，使新任教师明确小学各阶段学生必须掌握的教学内容，了解备课的原则、内容和注意事项，能够独立完成一篇教学设计。

（2）通过案例分析、教学观摩和实践，使新任教师明确体育课堂教学常规，掌握几种建立课堂纪律、应对特殊学生的方法，能够规范、顺利地完成日常教学。

（3）通过技能练习，使新任教师掌握体操和田径项目的基本技能，能够正确使用口令，示范标准正确，掌握体操常见动作的保护与帮助方法，降低安全事故发生率。

四、围绕共性问题，设计模块式培训课程

在有限的培训时间内，要集中、精准解决新任教师所存在的问题，需要课程目标具体、明确，每节课内容有层次、有衔接。从体育学科课程标准以及国家对学校体育的要求出发，围绕需求调研问卷结果和下校调研时发现的共性问题，可以构建模块式培训课程。这样每个模块有1—3个专题，形成相对标准和固化的课程结构，避免课程内容的随意性和碎片化。

以2017年海淀区小学体育新任教师培训为例，围绕培训目标，共设计了区情实务、教学基本功、看课与评课、考核与评价4个模块，分为9个专题开展活动。（见表3）

表3　课程内容框架

模块	专题	具体内容	形式	设计意图和目的
区情实务	海淀区学校体育现状及发展趋势	认识同伴；方案解读；学校体育现状与发展趋势	讲座互动	西蒙·斯涅克（Simon Sinek）的"黄金圈法则"指出，绝大多数人的思考、行动和交流的方式是按"现象—措施—结果"的顺序进行的，但真正有用和打动人心的是"理念—措施—结果"，也就是先思考为什么（why），再讨论怎么做（how），最后得出结果（what）。第一次课需要让新任教师认识同伴，理解共同的学习目标，初步形成小组学习的氛围，通过了解国家、区域学校体育方面的整体现状、相关要求和发展趋势，拓展新任教师的教育教学视野，使新任教师不仅明确自己该做什么和该怎样做，还要明确为什么这样做，达到知行合一
教学基本功	怎样备好一节课	教学文件的基本格式、各项要求、学情分析等	案例分析	课上出现问题多源于准备不足。备课不仅仅是写一份教案，新任教师更需要准备的是对学情的调查、对场地器材的布置、对调队路线的规划、对练习规则的设计、对突发情况的预测等。备课的时间要远远超过授课时间。这个专题由特级教师或骨干教师通过对实际教学案例的分析，让新任教师明确备课的步骤、内容、注意事项等
	体育课堂管理方法与技巧	低年级学生的组织、"调皮"学生的应对	案例分析	根据问卷调查中新任教师提出的"学生不听话""个别调皮学生如何处理""突发事件如何应对"等问题，由有多年一线教学经验的骨干教师通过不同类型的真实案例，向新任教师介绍方法和策略；通过直接的经验传授，帮助新任教师储备一些课堂管理方法和应对技巧
	示范能力提升	专业技能练习（体操）	实践练习	体操是小学体育教学中非常重要的基础内容，是每名体育教师都需要教授的内容。由于体操动作具有非日常性特点，学生容易出现伤害事故，所以这个专题让新任教师通过反复观摩和练习，能够正确、标准地完成小学阶段的体操类动作，了解教学中学生可能易犯的错误，掌握正确的保护与帮助学生的方法
		专业技能练习（口令、田径）	实践练习	口令是体育教师的基本功，口令准确程度会对教学的进程产生影响，田径项目最接近学生日常生活，和体能素质密切相关，怎样提高教学效率、在学生体能发展和兴趣培养上找到平衡点，是新任教师面临的问题。这个专题主要是让新任教师学会准确使用口令，掌握队列的练习方法，能够做出正确的走、跑、跳、投动作示范，了解教学规律和动作重难点

续表

模块	专题	具体内容	形式	设计意图和目的
看课与评课	示范课	国家级、市级获奖课例	案例、分析	新任教师需要从模仿老教师授课开始，逐渐过渡到独立设计教学。但简单的模仿并不能提高教师的教学能力，停留在现象层的议课也无法引发教师的思考。这个专题以优质课为案例进行剖析，重点解决看课看什么、评课有哪些角度、议课问题点如何提炼等方面的问题
	同伴研究课	新任教师的研究课	教学观摩、小组讨论	进入培训中后期，需要有一个阶段性的评价：一是为新任教师提供实践的机会，强化知识技能的理解和运用；二是检验其在运用过程中是否存在偏差，是否需要在后期培训中加以修正。新任教师实施的教学更能够引起其他新任教师的共鸣，相对于"成熟""样板"的课来说，能够帮助新任教师避开陷阱和误区；另外，授课教师教学中"灵光一现"的地方，也会给观课教师新的启发
	同行优质课	市级、区级骨干教师的研究课	教学观摩、小组讨论	身边的榜样最有说服力，骨干教师上的常态课非常有借鉴意义。此环节可以让骨干教师在同一年级实施与新任教师相同的教学内容，以同课异构的形式，强化这一教学内容的教学重难点和方法、手段。也可以对不同年级上同一内容，让新任教师理解不同年级教学中的进阶性、发展性与结构性特点
考核与评价	基本功考核	考察新任教师培训所学知识与技能的运用	说课/模拟课、实操	这是对新任教师进行教学基本功考核，以评价培训效果，为下一阶段跟进指导提供依据。其中包括技能示范（武术和广播操必考，田径、体操、球类三项中每项抽选一个教学内容）、一分钟口令队列、说课（或模拟课）展示等环节，考核内容以培训课程中涉及的内容为主，结合各课时布置的"作业"，让新任教师能够独立设计一节常态课，并能向他人表述设计思路和流程。通过考核，把握新任教师在培训前、后所发生的变化，梳理尚未解决的问题，将其纳入后续跟进指导的内容
	评价反馈	活动总结与交流	小组交流	从组织者和参与者两方面对整个培训活动进行总结。参与者围绕"学习获得"与"实践反思"进行交流，组织者围绕"考核结果"与"过程表现"进行总结，再一次回顾共性问题及解决方法和效果，提出新的发展目标，使大家在思想上达成统一

新任教师的成长是动态的，课内学习和课外实践需要"携手共进"。

新任教师并不是一张白纸，培训课程的设计要考虑教师的已有经验，在实施过程中，要关注教师的动态变化。另外，还需要将课内学习和课外实践相结合，每节课后布置实践作业，下一节课上课前用10—20分钟时间解答老师们实践后的新问题。这种螺旋叠加式推进方式，能够使培训效果落地，并可以根据教师的即时反馈调整培训的内容。

五、贯彻小组学习，促使每一名教师参与其中

合适的组织形式会让培训更有实效。近年来被广泛使用的"学习共同体"形式，在新任教师培训中也发挥着重要的作用。相对个体学习而言，小组学习的形式更能够激发教师的学习动机，促进教师之间相互分享、相互鼓励、共同提高。从第一课组建团队，到培训中的小组讨论交流，到考核时团队总分 PK、再到总结时小组寄语，培训全程以小组学习为载体，最大限度保证每一名教师的参与权和发言权。（见图 1）

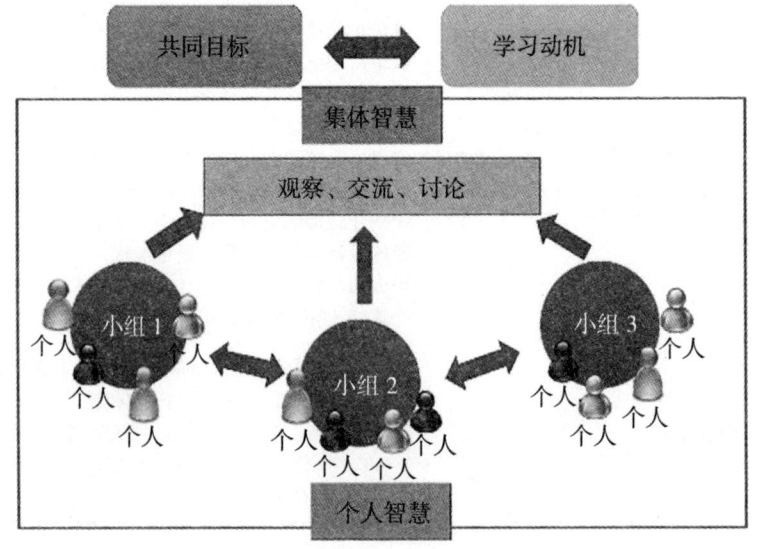

图 1

从培训反馈上看，新任教师对小组学习的形式非常认可，达到了预期的目标。如：

"最大的收获是我发现自己还需要学习很多东西，很多同龄人的基本功很扎实，教态很自然，这些都是我需要学习的，在之后的教育教学工作中，要更加努力地提升自己。"

"让我在清晰思路、学会如何去做好一名体育老师的同时，通过合作学习的方式向他人学习，收获了友谊。"

我们的思考

1.新任教师的已有经验、成长环境也是影响培训需求和效果的因素，课程设计要从课堂出发，结合问卷调查和访谈，多渠道、多方位地了解新任教师的需求。

2.课程内容的选择和编排需要有层次性、递进性和关联性，从新任教师身边的案例、现象入手，更能够引发共鸣，提高学习积极性。

3.新任教师的成长是动态的，要及时听取反馈，以便对课程内容和形式进行微调；课内学习与课外实践要紧密结合，推动新任教师在日常教学中不断运用所学知识，不断反思自己的教学。

4.课程内容搭配适合的组织形式，能够起到事半功倍的效果。

你的思考

小学科学是一门综合性的学科，科学新任教师的专业背景通常比较复杂，有时还会出现文科背景的老师，因此需求调研显得尤为重要。在实施培训的过程中，既要回应新任教师的共性需求，还要尽可能兼顾不同学科背景新任教师的个性需求。

以教材分析和学情探测为起点　提升学科教学基本功
——小学科学新任教师学科培训方案

北京市海淀区教师进修学校　韩民扬

一、培训背景

根据《海淀区"十二五"时期幼儿园、中小学、职业高中教师培训工作指导意见》的相关规定，新任教师需要完成60学时的区级培训课程，其中学科培训40学时。区级学科培训以培养新任教师学科基本功为核心，每个学科依据培训项目的大主题，结合具体的学科培训需求分析结果，拟定各自的培训主题。

近些年来，世界各国都加大了科学课程改革的力度，时代的发展和课程改革的需要对小学科学教师提出了严峻的挑战。小学科学教师必须不断更新知识储备、转变教学观念、探索新的教学方式方法，才能应对这种挑战。对于小学科学新任教师来说，具备扎实教学基本功，是适应日新月异的课程改革与变化的前提。因此，新任教师培训是确保小学科学新任教师站稳讲台、促进专业持续发展的重要保障。

二、培训对象

参加此次培训的是来自海淀区的全体小学科学新任教师，共19人，其中本科学历 9 人，硕士研究生学历 10 人。专业背景涉及物理、化学、生物、地理、计算机技术、国际贸易等学科。超过一半的科学新任教师学历属于硕士研究生，但他们的专业比较复杂，这将导致他们面对科学这个综合性学科的教学时会遇到不同程度的困难和挑战。

三、需求调研

为了解 19 位新任教师的学习需求，2016 年 1 月，我们通过问卷网对 19 位新任教师和其他优秀科学教师开展了调研。

首先，在查阅小学科学教师科学素养、专业发展及国内外科学教师专业标准等文献的基础上，梳理出关于小学科学新任教师的 23 条理想行为指标。然后，依据理想行为指标设计完成了《小学科学新任教师学科培训需求分析调研问卷》，问卷题目均为李克特量表的形式。我们分别请小学科学新任教师、海淀区优秀科学教师（包括教研员、骨干教师等）完成了问卷，目的在于通过对比两类答题对象的反馈数据，找到小学科学新任教师理想行为和实际工作绩效的差距，进而确定培训需求。（见表 1）

> 小学科学学科的综合性、新任教师专业的复杂性，要求我们必须重视培训的需求分析。

表 1　海淀区小学科学新任教师需求调研数据（部分题目）

具体问题（分为很符合、比较符合、一般、不太符合、不符合 5 个程度，赋值分别是 5、4、3、2、1）	均值	
	自评	他评
能够通过创设情境和活动互动调动学生学习的兴趣，让学生集中注意力	3.79	3.33
能够有序组织并有针对性地指导学生活动，注重培养学生规范操作实验的意识、实事求是的科学态度、合作交流意识、安全意识和良好习惯	4.00	3.33
能够落实教学设计中的目标和活动，并根据实际情况动态调整教学行为和方法	3.89	3.00
能够通过追问、示范、点评等方式启发学生思维，培养学生的观察分析能力、质疑批判意识以及使用科学语言进行交流的能力	3.89	3.00

续表

具体问题（分为很符合、比较符合、一般、不太符合、不符合5个程度，赋值分别是5、4、3、2、1）	均值	
	自评	他评
能够熟练运用教学媒介和技术，使学生清楚地知道所展现的内容，例如电脑、投影等硬件设施，及文字处理（Word）、演示文稿（PowerPoint）等软件	4.37	5.00
能够运用表格、韦恩图、概念图等常用图示方法进行简单的数据、信息的呈现和处理	4.26	4.33
能够灵活使用多元评价方式，给予学生恰当的评价和指导	3.68	3.00
能够结合教学目标和学生的表现（包括课堂和作业等）进行自我的教学评价，并不断反思、改进教学	3.79	3.67
能够针对教育教学工作中的现实需要与问题，不断进行探索和研究	3.95	3.67

> 需求调研不仅要关注新任教师的自我报告需求，还要利用他人视角（如优秀骨干教师）弥补调研的不足。

调研的结果显示，新任教师自我评价得分较低的方面与优秀科学教师的评价结果基本保持一致。此外，优秀科学教师还发现了新任教师自身没有意识到的一些问题。综合新任教师的自我评价与优秀科学教师的评价，可以发现新任教师在以下几个方面存在不足。（见表2）

表2　小学科学新任教师需求调研结果分析

序号	存在的不足	维度
1	理解、掌握系统的科学专业知识	知识积累
2	如何分析教材并基于此选择合适的教学方法和策略	教材分析
3	如何分析学情并基于此选择合适的教学方法和策略	学情分析
4	如何确定教学目标并落实	目标确定
5	如何设计课堂问题	问题设计
6	如何有效组织课堂教学	课堂组织
7	如何对学生进行多元评价	学生评价

优秀科学教师对新任教师存在的不足进行了原因分析，他们认为：（1）新任教师缺少直接接触儿童的经验，多是纸上谈兵；即新任教师在了解、探测学情以及班级管理、课堂组织等方面可能存在较多问题与困惑，需要设计相关的培训课程以回应新任教师的需求；（2）科学教学涉及知识面太广，新任教师专业背景复杂，很多教师没有接受过科学教育的专业训练，对某些领域的学科知识有所欠缺。小学科学是综合性的学科，涵盖不同学科领域的内容，大部分新任教师大学期间只针对某一专业领域进行了系统学习，但相对缺乏对其他领域的深入学习。因此，应该基于这种情况设计有关系统科学知识、教材分析等方面的培训课程，以弥补新任教师的不足。

此外，新任教师还提出：希望在培训中多一些实践环节，多呈现一些教学案例的分析，想听取来自一线教师分享的经验，喜欢互动式的培训方式。基于此，在设计培训课程时，我们安排了课例观摩、课堂实践环节，邀请了拥有多年教学、教研经验的教研员和特级教师为新任教师讲解如何分析教材、如何探测学情，邀请了一线优秀科学教师为新任教师点评课例等。

四、培训主题

基于需求调研的结果分析，本次培训的主题确定为：以教材分析和学情探测为起点，提升学科教学基本功。

五、培训目标

基于本次培训的主题，我们将培训目标定为以下几点。

（1）使新任教师对科学发展史、主要科学概念有系统、全面的了解。

（2）使新任教师对小学科学教材形成整体认识，了解儿童学习科学的认知特点，掌握教材分析、学情分析的基本方

> 培训目标的确定有助于培训者进一步设计培训课程，也有助于在课程结束时检验目标的达成情况。

法，并学习如何依据分析确定具体教学目标、基于目标设计教学活动。

（3）通过介绍基于教材与学情分析的课堂问题的分类、设计、反馈方法，使新任教师初步掌握课堂提问的基本方法与策略。

六、培训时间

2016 年 3 月上旬至 2016 年 5 月下旬，每周一个半天（3 小时），共 10 次课程、40 学时。

七、课程设计

基于需求调研与培训主题和目标，本届小学科学新任教师培训课程设计如下。（见表 3 ）

表 3　海淀区小学科学新任教师培训课程

序号	课程内容	课程形式	培训目的
1	了解科学发展史，掌握科学大概念	专家讲座	促进新任教师理解、掌握系统的科学发展知识
2	学情分析的有效策略与方法	专家讲座	促进新任教师学习如何分析学情
3	如何分析、把握教材	专家讲座	促进新任教师学习如何分析教材
4	如何进行教学设计	专家讲座	促进新任教师学习如何进行教学设计
5	观摩海淀区优质研究课	课堂观摩	组织新任教师观摩优秀课堂教学，学习借鉴优秀教师的优势，弥补自身的不足
6	第一次研究课	课堂实践	结合理论学习与观摩，以实践促进教学基本功
7	第二次研究课	课堂实践	结合理论学习与观摩，以实践促进教学基本功
8	基本功测评	说课	基于课堂实践，检测新任教师的学习效果
9	观摩海淀区优质研究课	课堂观摩	组织新任教师观摩优秀课堂教学，学习借鉴优秀教师的优势，弥补自身的不足
10	培训总结	反思	总结基本功测评的结果，给予新任教师具体的反馈

八、培训特点

（一）课程内容突出理论与实践相结合

新任教师在学习各专题内容之后，必须经历实践、反思、再实践、再反思的过程，因此，在培训的过程中穿插了两次观摩课和两次研究课。新任教师"真刀真枪"地上研究课，经过专家教师点评后进一步反思、完善教学设计，最终经历研究一节优质课的全过程。培训的后续环节还设置了基本功测评，旨在通过实践的形式对新任教师进行考核。

（二）注重过程与结果的培训质量监控

为了在培训过程中激励学员积极参与，每次课都设有考勤环节，每位学员必须完成至少 1 篇培训反思，每位学员至少在培训过程中有 3 次提问或发言。在培训的基本功测评环节，聘请专家或一线优秀科学教师作为评委为学员打分，并写出具体意见和建议。

（三）学员主体参与，在团队合作中获得更快发展

在培训过程中，我们为学员创造学习、实践、体验和反思等多种学习的形式，强调学员的主动参与，鼓励合作研究，提高大家课堂教学的实施能力。首先，在培训过程中我们将 19 位学员分成 3 个大组，共同完成教学设计、研究课等实践活动。在完成培训任务的过程中大家互帮互助，建立良好的合作关系。其次，我们在开班前就组建微信群，以确保在培训过程中和培训结束后，大家能顺畅沟通，建立长久的合作伙伴关系，从而获得更快的专业发展。

九、培训作业

（一）教学设计（1篇）

学员要至少撰写 1 篇教学设计，教学设计必须着重体现学员对培训课程中的教材分析、学情分析、具体教学目标、具体的课堂问题设计等内容的学

习、迁移与运用。

（二）培训反思（1篇）

学员必须结合培训课程，完成至少 1 篇不少于 1000 字的培训反思。

我们的思考

1. 从科学教师的专业背景、自我报告中可以发现他们的特点、不足及问题困惑。从新任教师的学校师傅、教研组长、区教研员等优秀科学教师的视角可进一步发现新任教师在教学实践中亟须解决的问题。

2. 将新任教师的需求进行归类、甄别，发现真问题，进而确定培训主题，形成小专题，最后确定形成培训目标。

3. 依据培训目标，设计培训课程，形成培训方案。最终的方案应该经过两轮的专家论证之后，方可实施培训。

你的思考

通过学科培训前引领需求的任务驱动、统一进行学科培训需求调研、过程中穿插个性化需求调研等，确定学科培训主题，设计培训课程，制订培训方案。依据精心设计的培训方案，进行有效组织实施，取得良好的培训效果。

多角度调研　精准设计方案　促进新任教师成长
——中学语文新任教师学科培训方案

北京市海淀区教师进修学校　迟淑玲

一、培训背景

中学语文新任教师学科培训是语文新任教师专业发展的重要途径，能够帮助语文新任教师主动适应岗位要求，实现角色转变。依据《中学教师专业标准（试行）》《北京市中小学语文学科教学改进意见》《义务教育语文课程标准（2011 年版）》和《海淀区新任教师学科培训方案》的相关要求，在认真分析学员基本情况与培训需求的基础上，制订《2014—2015 学年海淀区中学语文新任教师学科培训方案》。

二、培训对象

2014—2015 学年海淀区中学新任语文教师共 53 人。其中博士 2 人，占 3.77%；硕士 39 人，占 73.58%；本科 12 人，占 22.64%。任教初中年级 34 人，占 64.15%；高中 19 人，占 35.85%。

三、需求调研

培训者全过程、分阶段、多角度进行调研，调研获得的信息，有的能够直接作用于学科培训，有的仅作为培训参考或补充。在通识培训开始后，提前进行一些任务布置，唤起学员对学科培训显性需要和隐性需求的思考。同时，也对往年学员进行个别化的调研，获取有价值的参考，纠正培训可能出现的偏差。然后按照部门统一要求，结合培训者多年教学与培训实践经验，研制中学语文新任教师学科培训问卷。在学科培训进行的过程中，随时针对整体课程或单次课程进行当面、微信或电话调研，及时了解过程中学员的需求变化，并对课程做出相应的调整。

第一，引领新任教师思考学习需求，激发其主动学习并积累成长资料。在通识培训开始后、学科培训开始前布置任务，目的是通过任务驱动，促使新任教师能够抓住教师成长的关键路径——成长规划、学习观察、实践反思、专业阅读——获得稳步发展。在这个过程中，学员的现实需求、隐性需求会被唤起与强化，进而带着真实需求投入实践和学习。这为学员进入学科培训提前营造了学习的基调，促使新任教师在日常教学中向身边成熟教师学习，并分析和反思自己教学中发生的教学事件，从而扎实提升积累经验的速度和质量。这也对新任教师参加学科培训前进行有针对性的思考，确定并填写培训需求，在参训中有针对性地倾听学习、观摩分析、反思改进等，有一定的铺垫和促进作用。

第二，调研往年学员，为本期需求调研、课程设计提供有价值的参考；在部门统一问卷模板基础上，增加特色内容，开展学科培训需求调研；在培训实施过程中，随时进行个性需求调研。调研中，希望学员在回答问题时既能表达出对学科培训的真实需求，又能对自己入职以来的实践和思考进行回顾和梳理。这样呈现出的结果既有利于培训者确定培训主题和设计培训课程，又能推动学员在培训中对应自己的实践、困惑和个性化需要进行有针对性、有选择性地深入学习。

四、培训主题

在需求调研"学科教学基本功"的 17 项内容中，排在前面的是问题设计（27 人次）、学生活动设计（23 人次）、课堂组织与管理（18 人次）、教学流程设计（13 人次）、目标确定（11 人次）。学员文字描述的语文教学困惑依次是：教材分析、教学内容确定和教学设计、写作教学、学情分析、问题设计、学生活动设计、教学组织与管理。在语文教学领域中，学员最需要培训的内容是写作教学，其次是阅读教学。

新任教师在问题设计、学生活动设计、课堂组织与管理、教学流程设计方面的需求是可想而知的，因为新任教师从教时间短，对教学内容、教材把握等也有一定局限，对学情了解不深入不全面，所以在备课时对目标制定、问题设计的把握不甚准确。对教学进行预设时是针对教材、教学内容而设，或借助于教参、现成教案／课件而设，考虑学生情况较少或者摸不清学情，于是当面对课堂生成时就不太会适时追问或对教学进行灵活调整。所以，新任教师对基于学情分析的教学设计的需求很强烈。

新任教师在课堂组织教学方面确有难度。一是新任教师在集中精力顾及教学内容的落实、教学步骤的推进时，很难兼顾到学生的一些反应；二是新任教师的教学自信、管理自信没有建立，他们自身的教师角色感弱，甚至还有"仍是大学生"的感觉，所以在组织实施教学时容易捉襟见肘、力不从心。但这不是短期培训能够解决的，这得靠经验、靠实践日渐积累而成，故这次学科培训没有专门设计这方面课程。但可通过有效问题设计、学生活动设计的学习，提高新任教师教学设计能力，调动学生学习积极性，从而间接地改善课堂教学组织与管理效果。

综合起来，在教学设计中，怎样基于学情设计有效问题和学生学习活动来启发和调动学生，实施课堂有效教学，是新任教师目前的教学难点，也应是本次培训的重点。基于学情的教学活动设计，能够凸显学习主体性，有利于激发学生的学习兴趣、提高学习效率。培训任务的落实领域除了阅读教学，更要体现在写作教学中，因为从几个角度开展的调研都反映出新任教师在作文教学方面的需求最为明显。

基于以上分析，限于培训时长，语文新任教师学科培训主题被确定为：基于学生活动的语文教学设计能力提升（侧重于写作教学）。

五、培训目标

（一）总目标

通过区级语文学科培训，促使语文新任教师提升语文教学基本技能；借鉴优秀经验，丰富实践性知识；进行有效培训反思，促进自我专业发展。

（二）具体目标

（1）了解语文教学备课基本流程与关键问题，掌握立足学生学习活动的教学设计原则和方法。

（2）基于教学实践经验和学生具体情况，设计语文学习活动（关注问题设计、学生活动设计）。

（3）在学习、观摩和评析优秀课堂教学案例的基础上，修改完善立足学生活动的语文教学设计。

六、培训时间

2015年3月—5月，每周二上午8：30—11：30，共10个半天、40学时。

七、课程设计

基于需求调研、培训目标，我们设计了以下培训课程。（见表1）

表 1　海淀区中学语文新任教师培训课程

序号	培训内容	培训形式	培训目的
1	解读方案，指导学习语文教学设计（侧重问题设计与学习活动设计）	介绍方案专题讲座案例分析	介绍背景，分析需求，解说方案，引领学习；通过教学流程梳理和关键概念的精练讲解、名师教学案例文本研讨、小组交流展示、问答互动等环节，培养新任教师的问题设计与活动设计能力
2	写作教学——类别训练和个体激励的结合	专题讲座案例分析提问互动	了解写作教学课程设计系列，学习如何基于学生学习进行有效作文类别训练；学习名师针对学情差异如何进行个体写作激励，进而调动全体学生写作积极性
3	基于学情的作文活动教学设计与语文教师写作积累	专题讲座案例分析	学习如何针对不同的学情设计作文教学活动，推动不同层次的学生写作能力的提升；了解名师坚持个人写作与学生作文教学的互促关系，促进新任教师重视并进行个人写作积累
4	语文教学叙事与成长积累（辅以往届优秀学员教学叙事案例视频）	专题讲座分组交流案例分析	认识撰写教学叙事对新任教师成长的价值意义和促进作用，掌握教学叙事撰写方法；学习优秀教学叙事文章，交流、反思，同时为基本功测评做准备
5	研究课观摩与交流一特级教师：高一诗歌中的景与情区骨干教师：初二互动式作文讲评课小专题讲座：语文阅读教学	观摩学习分组交流特级点评专题讲座	观摩名师诗歌教学，重点关注问题设计、学生主体性体现；学习基于学生活动的作文讲评设计与实施策略，以及如何调动学生进行互动评价和教师进行写后指导；了解名校阅读教学的整体情况与具体实施情况
6	研究课观摩与交流二学员同课异构区骨干教师：初一说明文片段写作训练市骨干教师：如何设计教学问题	观摩学习分组交流骨干评课专题讲座	观摩骨干教师说明文作文教学——如何使说明语言生动，学习骨干教师设计学生活动，从而有效组织作文教学；新任教师学以致用，进行教学实战演练；了解文学作品教学问题设计的维度，掌握相关策略
7	研究课观摩与交流三学员（高一）：老人与海（同课异构）区骨干教师（初一）：记叙文中的描写市骨干教师专题讲座：读写结合设计与实施	观摩学习分组交流特级点评专题讲座	学员学以致用，进行实战演练，同课异构以丰富小说教学问题设计和学生活动设计方法；关注骨干教师如何精心设计、有效组织记叙文作文教学；学习设计以学生为主体、读写结合的方法与策略

续表

序号	培训内容	培训形式	培训目的
8	基于学生活动的语文教学设计与实施（分组研讨，骨干指导）	个人设计 分组交流 骨干指导	聚焦小组共同关注的专题（详见需求调研），展开深度分享与交流；骨干教师经验引路、现身说法、一对一指导；新任教师课后反思、梳理固化、改进实践
9	基本功测试：语文教学叙事（分7组进行，每组3位评委）	教学叙事 展示＋答辩 评委点评	采用这种形式测试，体现真实性、反思性，促进学员深刻反思，优化教学行为，同时树立教研意识，使阶段性培训与可持续性发展相结合；学员精选真实教学事件撰写并展示，倾听点评，获得专业提升
10	新任教师学习成果展示 青年骨干教师成长经验介绍 语文新任教师培训总结	展示交流 经验分享 总结反思	选择优秀学员和青年骨干教师介绍经验、展示课例、交流成长历程；班主任对语文学科培训进行全面总结，希望学科培训能够对学员持续发展起到引领与辐射作用

　　新任教师对案例分析的需求最多，所以在课程设计的大小讲座中，要求教师授课时案例要丰富；希望多一些现场观摩形式，于是设计了3次进课堂观摩6节研究课（初、高中各3节）的内容；培训课程努力依据理论—实践—交流—测试—总结的逻辑来设计与实施，围绕培训主题，分设专题落实。整个培训采用专题讲座、案例分析、听评课、分组交流、教学实践、教学叙事测评等形式开展。

八、培训特点

1. 培训过程的完整性

让学员通过讲练结合、互动交流、自我反思、成果展示、实践演练等形式，学习、体验基于学生活动的语文教学设计与实施的全过程。

2. 培训对象的主体性

注重体现学员的主体作用和培训过程中的参与互动，提倡学员同伴交流、资源共享、能力共进。

3.培训资源的生成性

注重培训中显性课程资源激活、辐射后学员智慧的生成与呈现，促进学员吸纳教学理念，借鉴实践经验，及时沉淀分享。

4.培训师资的整合性

整合优质师资，如高等院校师资、特级教师和教学经验丰富的骨干教师等，使师资层次齐全、各具所长，确保培训的质量。

九、培训作业

1.教学案例

紧密结合学科培训内容，联系教学实际，选取真实、典型的教学事件进行描述与反思；主题鲜明、内容充实、反思深刻，字数在 2000 左右。

2.基于学生活动的语文教学设计

修改、完善一节课的阅读教学或写作教学设计，有切合实际的学情分析，设计合理的学习过程，提出明确的学习成果要求。

3.培训过程性反思日志

记录真实收获、深度思考与教学改进，每人完成至少 5 篇反思日志，每篇不少于 500 字。

4.培训总结（自愿）

包含起始认识、过程思考、行动改进、后续探索四个部分。总结要突出与研修内容及过程的契合度，及时进行内化与转化，注重过程性积累与结果性呈现。

5.读书交流（自愿）

分享近一年阅读的对自己最有启发和指导意义的文章、图书以及阅读心得，篇幅不限，发到公共邮箱，以供大家交流共享。

我们的思考

1.要注重培训课程的预设与生成，更加注重培训中显性资源激活、辐射后的学员智慧的生成与呈现，努力推行培训课程的明线与学员及时内化沉淀的暗线并行的双线结构。

2.在培训过程中，要求新任教师及时撰写并分享培训反思文字。培训者示范带头写培训反思，并欣赏、激励、展示学员学习成果，让学员深度"卷入"学习，激发盘活内存资源，生成新的课程资源。

3.教学叙事这种测试形式的探索意义在于，能够通过教学叙事的学习、撰写、展示、答辩，促进语文新任教师教学基本技能提升，强化反思意识、成文与积累意识，使新任教师将教学实践与思考研究相结合，获得专业上螺旋式的成长与进步。

你的思考

教师培训的核心任务是帮助新任教师完成从"学生"到"教师"的角色转换，促进其自觉发展专业能力，自主规划专业成长的路径，顺利走上工作岗位。新任教师英语学科培训是英语教师专业发展的重要途径，目的是解决新任初中英语教师教学实践中的实际问题，提高新任教师的教学基本功。

基于中学英语听说教学的基本功能力提升
——初中英语新任教师学科培训方案

北京市海淀区教师进修学校 李琳琳

一、培训背景

依据《中学教师专业标准（试行）》和《义务教育英语课程标准（2011年版）》，并结合海淀区教师进修学校师训部课题"海淀区新任教师专业发展现状与需求研究"的成果，运用课题组研制出的"行为导向的教师培训需求分析模型"，基于学员基本情况和培训需求，制订本期培训课程方案。

二、培训对象

本期培训包括海淀区初中英语新任教师46人。他们来自24所学校，硕士研究生及以上学历占比90%，毕业于非师范类英语专业的教师占比89%。

三、需求调研

需求分析既是培训的出发点，又是培训的归宿。培训需求分析是整个培训系统设计的首要环节，为培训目标设定、课程内容设计、教学方法选择和培训效果评估等各个环节工作提供基本依据。本次培训通过访谈法、问卷调查法和观察法分别对参训学员、往届学员和教育专家等进行调研，试图通过不同的方法和不同的维度分析新任教师的需求。

第一，学员问卷调研。我们设计了英语学科需求调研问卷，46 名初中英语教师报名参加培训，最终回收 31 份问卷。调研数据表明，新任教师亟须培训的教学领域中占比最高的为听说教学板块，百分比为 38.71%，写作教学、阅读教学和词汇教学占比分别为 32.26%、22.58% 和 6.45%。因此，本次培训以听说课为课型载体。问卷中对新任教师展开行为差距分析，发现大多数新任教师的困惑集中在以下几个方面：教材分析与整合、教学重难点确定、教学活动设计与实施（侧重活动过程中的提问设计）、教学评价与教学调整（包含学生学习策略的渗透）等方面。因此，本次培训通过"备课活动—专题式教学诊断（观摩＋反思）—教学作品展示"的环节，将新任教师感到困惑的关键问题融入整个培训。其次，有关新任教师培训方式的调研数据表明，有 45% 的学员希望通过观摩课的方式开展培训，25% 的学员建议采用小组合作方式进行培训。因此，本次培训将讲座、小组合作、互动研讨和观摩课（同课异构）等多种形式有机地结合起来，以满足不同学员的需求。

第二，对往届学员的观察和访谈。本次培训调研对工作三年内的往届学员进行了观察和访谈。这个时期的教师对新任教师的认知有着更为深刻的理解。一方面，他们对新任教师角色的转换基本完成；另一方面，他们又对这三年来的教学有着极为特殊的感受，能够更清晰地阐述自己在教学过程中的问题，更明确地反观自己的成长经历。如某校一位初三英语教师提道："工作三年，已经不再是学校中的新任教师了，真希望我能够重新进行一次新任教师培训——当初认为是可有可无的教学内容，没想到在真正的教学实践中竟是那般重要。还记得新任教师培训中有一项作业是撰写教育案例。工作第一年时特别不喜欢写这类反思，觉得没什么用处，但工作两年后，才发现教学反思不仅是学生成长的案例集，同时也是自我反观的过程。"

第三，对教育专家的访谈。教师培训的需求分析工作包括两方面内容：一是收集培训需求信息；二是整理和分析这些信息。我们首先要从学员的角度进行需求调研，将数据整理和分析后，再对教育专家进行访谈。教育专家往往对当前教育形势有着更准确的把握，对青年教师的成长规律有着更为深入的研究，更能将理论与实际案例相结合。因此，访谈教育专家一方面可以更好地对接培训需求，另一方面可以更好地引领培训需求，从而真正地促进青年教师的专业成长。

四、培训主题

我们通过学员问卷调研、对往届学员的观察和访谈以及对教育专家的访谈等方式，总结出新任教师的基本特征，反观不同学员的成长经历，并将新任教师的隐性需求和显性需求进行了分析。根据前期需求调研的结果，我们把本次培训主题定位为"基于中学英语听说教学的基本功能力提升"。教学基本功是指教师从事学科教学必备的、相对稳定的、综合性的教学技能和修养。对于中学英语教学来说，听说教学是一个重要的组成部分，其成败不仅取决于教师的学识水平，更取决于教师的教学技能。因此，本次培训的主题定位，旨在从点突破、以点带面，帮助新任教师实现向其他课型教学技能的正迁移。

五、培训目标

（一）总体目标

依据《中学教师专业标准（试行）》和《义务教育英语课程标准（2011年版）》，围绕初中英语学科教学能力，以听说课作为课型载体，提升新任教师的教学基本功。

（二）具体目标

（1）掌握英语备课的基本流程。

（2）能有效分析教材与学情，并根据学情确定教学目标与重难点。

（3）掌握学生活动设计的基本原则与策略。

（4）掌握微格教学、听评课的基本要求和进行有效的微格教学展示。

六、培训时间

2017 年 3—5 月，每周三 13：30—16：30，共 10 个半天、40 学时。

七、培训课程

依据需求调研分析和培训目标定位，我们的课程设计思路见图 1。

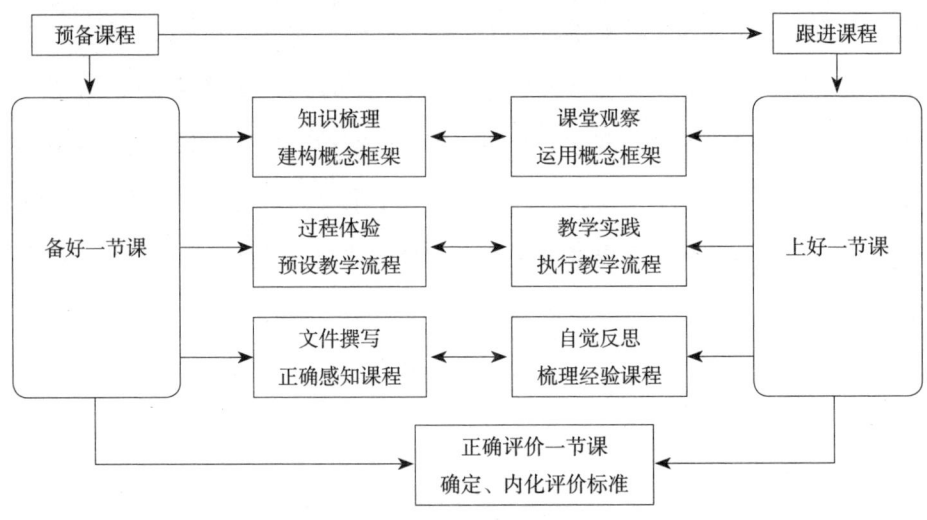

图 1　课程设计思路 [①]

　　培训课程设计充分考虑新任教师的培训需求，采用专家讲座引领、同课异构观摩研讨的方式，突出现场学习体验和感悟；培训活动的设计突出听说

---

① 参考：吴欣歆．新教师培训课程设计：有效推进"经验知识"的建构[J].中小学管理，2016（2）：45-47.

教学主题，培训活动的组织结合具体的培训内容，以班集体深度学习、小组互动研讨以及个人网络研修等方式为主导，体现学习组织形式的多样化。（见表 1）

表 1　中学英语新任教师学科培训内容设计

序号	培训内容	培训形式	培训目的
1	解读培训方案 初相识 备课活动：英语教学备课基本框架（或流程）	破冰活动 工作坊 案例分析	一线骨干教师分享每学期及每单元的备课框架，指导青年教师如何备课
2	基于听说课型的教学设计 ——教材分析、学情调研	专题讲座 案例分析 提问互动	专家分享自己的教学观，指导青年教师如何基于学情进行教材分析及教学目标的设定
3	课堂观察（2 节观摩课） 互动交流＋名师点评 如何合理确定教学目标并实施指向目标达成的听说教学	观摩交流 专家点评 专题讲座	观摩课堂教学，了解如何针对不同层次学生设计教案，并重点关注不同学段及学情下的教学目标与教学重难点的达成情况
4	指向高阶教学目标达成的听说教学活动设计与实施	小组合作 互动交流	特级教师指导青年教师如何训练学生的听说技能，以及如何设计并实施符合现阶段学生心理特点及能够促进学生思维发展的活动
5	课堂观察（2 节观摩课） 小组交流＋名师点评 如何设计与实施指向分析、评价、创造等高阶语言教学目标的阅读教学活动	观摩交流 名师点评 讨论交流	观摩 1 节听说课型与 1 节阅读课型的课堂教学，重点关注问题的设计与学生主体性的体现
6	如何基于听说教学实际情况进行适合的听说教学评价，以评价促进学生核心素养的发展	小组合作 互动交流	学习如何基于学生学习进行有效的教学设计，并学习针对不同层次的学生所使用的课堂评价策略；学会用教学评价检测目标是否达成
7	课堂观察（2 节观摩课） 小组交流＋名师点评 （关注教学评价与教学调整）	观摩交流 名师点评 讨论交流	观摩课堂教学，学习如何基于学情进行有效的个体激励，以及观察课堂中使用了哪些具体策略调动学生学习的积极性

续表

序号	培训内容	培训形式	培训目的
8	说课及听评课框架	案例分析 小组交流 专题讲座	专家解读说课的基本框架，选取不同组别的学员现场说课展示，并由专家进行点评；全体学员参与研讨，促进学员反思，优化说课意识及内容，树立教研意识
9	基本功测评（教学设计文本＋微格教学展示）	展示 答辩 点评	学员根据培训所学，进行1课时的教学设计并进行现场说课，以及根据评委的提问进行现场答辩，使学员将所学进行教学实践，反思教学，优化教学行为
10	青年教师座谈 分组交流（信念与行动） 各组代表发言 结业式	经验分享 展示交流 总结反思	邀请往届优秀学员，将刚参加工作后的角色转换过程、家校沟通以及教学工作的心得等内容与大家分享，并将适应角色变换的方法与策略分享给新学员；班主任对最终的学科培训进行全面总结

八、培训特点

（一）基于教师需求进行目标定位

培训目标是整个培训课程的核心，具有定位与指导作用。本次培训首先进行问卷调研，并运用海淀区教师进修学校师训部课题"海淀区新任教师专业发展现状与需求研究"的研究成果，将新任教师的应然行为与实然行为进行对比分析和差距分析，最终确定新任教师的培训需求。依据最后的调研分析报告和教师的需求确定总体的培训目标——提升新任教师的教学能力。同时，问卷调研发现，绝大多数新任教师对于听说类课型困惑较多。因此，本次培训以听说类课型为载体，聚焦教学基本功的关键能力。

（二）基于学习理论进行课程设计

嬗变学习理论认为，成年人是通过一系列的学习、反思和实践过程实现自身转变的。这个转变不是一般的知识积累和技能增加，而是一个学习思想意识、角色、气质等多方面发生显著变化的过程。可见，培训不仅要注重教师技能的增长，而且还要改变教师内在的思想意识；不仅需要考虑如何激发教师的内在需求，还要促进教师新理念、新知识和新技能的吸收和内化。这也是本次培训的理念与基本原则。

（三）基于成人学习规律实施培训

本次培训注重以新任教师为主体，尊重教师原有知识结构和个性化经验，通过工作坊、案例分析、座谈会和专题讲座等方式，挖掘每位新任教师内在的隐性品质，使得各自的经验在培训过程中得到最大化的激活与更新，并将不同的生成性资源进行充分的整合与重构，从而建构新的教学认知体系。整个培训是一种动态的、变化的、生成性的过程，培训者必须起到良好的引导与引领作用。

九、培训作业

（一）参与微信群至少 5 次讨论（焦点讨论法）

焦点讨论法是通过引导者进行科学有序的问题设计，引导参与者感知体验、聚焦讨论、反思评价并做出决策的一种方法。这一方法涉及四个思维层面：客观性层面、反应性层面、诠释性层面、决定性层面。

要求：每次培训后，各学员针对培训后的收获或疑惑等体验在微信群中展开讨论，不限制字数，可以聚焦到培训中的某一句话或某一种方法，任何形式均可。

（二）教育案例（电子稿与打印稿）

要求：紧密结合培训内容，联系教学实际，选取某一个真实、典型的教学关键事件，进行描述与反思；标题为宋体，四号；正文为宋体，小四，一倍行距；如果有引文，请标明出处。

（三）基于听说课型的教学设计和微格教学展示的 PPT

要求：根据学科培训内容，不断修改和完善本次教学设计，并要求文本内容符合本学期教学进度。

（四）特色作业

要求：以小组为单位，各组上交一项特色作业，可以是学生的作品，也可以是读书分享（英文原著＋网络资源等），形式不限。

以上作业的质量情况也是评选优秀学员的依据之一。

我们的思考

随着核心素养体系框架和高中课标修订版的颁布，英语教学的理念和方式不断进行革新，如今的教学更关注学科本质，关注学生的核心素养。短短几个月，学员并不能将所有内容进行重新建构和内化，但希望培训能够帮助学员更快地适应角色转换，更好地理解教学本质，更快地提高课堂教学能力，更规范地撰写教学设计，并激发自我反思意识，从而推动自身的专业成长。

你的思考

培训评价作为培训课程的重要组成部分愈来愈受到大家的关注。柯氏四级培训评价模式的学习层评价为新任教师培训的基本功测评提供了理论依据和方法指导，但是如何依据学习层评价的基本思路和方法，结合学科培训的课程内容，从专业理念、专业知识和专业能力三个维度全面评价新任教师的学习发展一直是我们培训者需要加以修炼的基本功。本案例基于海淀区中学英语新任教师培训学习层评价的设计与实践，试图回答上述两个命题，也希望能对同行有所启发与借鉴。

指向教师专业发展的学习层评价设计与实践

——中学英语新任教师基本功测评案例

北京市海淀区教师进修学校　王永祥

一、学习层评价的基本思路

柯氏四层次培训评价模式中的学习层评价是目前最常见也是最常用到的一种培训评价方式。它被用来测量受训人员对原理、技能、态度等培训内容的理解和掌握程度。学习层评价可以采用笔试、实地操作和工作模拟等方法来考查。因此，我们可以通过问卷测试、课堂实践考查等方法来了解参训教师在培训前后，理念、知识以及技能的掌握方面有多大程度的更新或提高。

> 学习层评价要全面客观评价新任教师在专业理念、专业知识和专业能力方面的发展。

基于学习层评价的基本内涵要求，再结合中学英语新任教师培训的实质内容，为全面客观评价新任教师接受培训后在专业理念、专业知识和专业能力方面的提高，中学英语新任教师培训的学习层评价采用了微型课堂（micro class）的形式，即 5 分钟课时说课 +15 分钟片段教学展示 +5 分钟答辩的方式。

一般来说，学科教学基本功测评常采用说课的方式进行，因为说课基本涵盖了一位学科教师基本功的各个方面，但是难免有时会出现某些新任教师"说得好课却上不好课"的现象；以及评价过于关注教师操作层面的行为，而无法深度挖掘这些行为背后所隐含的教学理念。为了解决这些问题，我们引入了 15 分钟片段教学展示，力图真实还原新任教师的授课情境；以及 5 分钟的答辩，试图通过新任教师与专家评委间的对话发掘新任教师教学理念上的变化。

二、评价内容框架与评价标准

（一）学习层评价内容框架

我们基于学习层评价的基本思路首先确定了培训评价的内容框架（见表 1），主要分为备课（教学设计与课件）、微格教学（说课和片段教学展示）和答辩三大部分，分别对应教学设计技能和教学实施技能（包括教学评价技能）这两项培训目标：

表 1 中学英语新任教师学科培训学习层评价内容框架

实施形式	总体权重	测试项目	分项权重	对应目标
微型课堂（100分）	100%	备课	15%	教学设计技能
		微格教学	65%	教学实施技能
		答辩	20%	

（二）学科教学基本功测评标准

在确定学习层评价的基本内容框架后，我们对各个基本维度进行进一步的细化，确定评价的具体角度、要求以及相应项目的赋值，最终构建出中学英语新任教师培训学科教学基本功的测评标准。（见表 2）测评标准中，备课主要从教学设计和课件两个角度进行考查；微格教学主要评价新任教师的基本素质和具体的教学过程两个方面。其中，对新任教师基本素质的评价又主要从教态、语言、板书（板图）以及信息技术手段的使用四个角度展开。教学过程则主要考查新任教师教学实施中的教学环节、教学内容、学生活动、教学设问和教学资源五个关键角度；答辩则主要从时间把控（敏锐性、流畅性）和内容表达（准确性、科学性）两个方面评价新任教师的教学观、语言观和学生观。

为了保证评价的相对准确客观，在正式测评前，一般要组织专家评委召开一个简短的评委会，对评价标准进行具体解读，以达成相对统一的理解和认识。

表 2　中学英语新任教师培训学科教学基本功的测评标准

评价项目	评价内容			评价等级（百分制）
备课（15分）	教学设计（10分）：对教学内容在课时、单元、主题中的地位和作用分析到位，教学目标及重难点定位准确，符合教育教学规律、课程标准和学情；教学过程科学合理，教学方法恰当			
	课件（5分）：简明生动，实用			
微格教学（65分）	基本素质（25分）	教态（5分）：自然亲切，端庄大方		
		语言（10分）：科学使用专业术语，语言生动、亲切		
		板书、板图（5分）：规范工整，合理美观		
		信息技术（5分）：设备使用熟练，注重适切性与实效性		
	教学过程（40分）	教学环节（5分）：定位准确、逻辑严密、过渡自然		
		教学内容（5分）：科学准确，能有效促进学生知识、能力和思维的发展		
		学生活动（10分）：紧密围绕教学目标，活动有实效性		
		教学设问（10分）：有思维层次，关注问题的生成性		
		教学资源（5分）：适度、有效		
		教学创新（5分）：有特色，对常规教学进行适度创新		

续表

评价项目	评价内容	评价等级（百分制）
答辩（20分）	在规定时间内完成说课、片段展示、答辩（5分）	
	准确领会问题，回答问题时层次清楚，有理有据，体现的教学理念科学先进（15分）	

（三）培训评价与培训课程的对接

培训评价秉承的一个基本原则就是"重点培训什么，就要重点评价什么"，即培训评价的内容要与培训课程实现对接。测评标准中学情、教学设问、学生活动和语言（见表2）四个角度为本次学科培训的重点内容，因此它们自然也被列为本次评价的重点角度，被赋予了相对较高的分值。

学情要求学员不仅要分析学生的语言知识和语言能力基础，更要考虑学生的心理特征和认知差异；语言主要考查学员的英语语言表达能力和运用语言组织课堂的能力；学生活动则重点考查知识的科学性、能力的递进性和活动的层次性；而教学设问则是考查学员利用问题培养学生深层次思维的能力，尤其重点关注对学生思辨性思维和创造性思维能力的培养。表3所列即为培训评价与培训课程的具体对应关系。

> 培训评价过程中要始终关注评价标准与培训课程间的逻辑对应。

表3　培训评价与培训课程的对应关系

序号	培训课程	重点评价角度	评价要求
1	学情分析的基本策略与方法	学情	①学生语言知识和语言能力基础分析 ②学生的心理特征和认知差异分析
2	基于学情分析设计与实施阅读教学		

续表

序号	培训课程	重点评价角度	评价要求
3	教师提问策略与学生问题意识的培养	教学设问	①关注教的视角（提问策略）和学的视角（问题意识）②利用问题培养学生深层次思维的能力
4	课堂提问与学生语言思维能力的发展		
5	中学英语阅读教学活动设计与实施常见问题案例剖析	学生活动	①知识的科学性、能力的递进性和活动的层次性 ②基于学生知识、能力和思维的发展规律去实施学生的学习活动
6	基于分析进行设计，基于规律实施教学		
7	整个培训课程都全程关注教学语言的运用	语言	①英语语言表达能力 ②运用语言组织课堂的能力

三、评价结果的价值利用

　　一般意义上的学习层评价，就是通过使用测评标准对学员的每一项教学基本功进行量化评价，至多辅以一些质性的描述和证据，帮助学员明白自身的进步和不足。但这种直接处理数据的方式还仅仅停留在学习层评价的浅层，如何基于数据，进一步挖掘数据背后的价值，从而凸显其对新任教师长远发展的实际意义，则是我们每一位专业的培训者应该重点考虑的问题。

> 培训评价的最终目的是为了促进教师的专业发展。

　　我们对数据的价值利用具体体现为，基本功测评之后给每位学员出具基本功个人诊断报告，针对备课、微格教学和答辩三大部分的各个测查分项提出诊断意见。以下为某位学员的个人诊断报告样例。（见表4）

表 4　中学英语新任教师教学基本功测评个人诊断报告

个人诊断报告

一、备课

有一定的理念意识，能关注学生的学习兴趣、学习习惯和情感态度，熟悉学生的年龄特征和认知规律，准确把握学生的学习困难，从而采取相应的有利于学生学习的教学策略。关注学生学习过程，能突出重点，通过创设真实有趣的情境突破难点。

教材分析不完整，教学目标的制定不够明确。教学准备充分，教学过程清晰，但学习活动的设计还有待提升，对学生差异的关注和利用不够。

二、微格教学

用英语授课，英语口语表达能力较好；完全的英文教学设计，用流畅优美的语言阐述了本节课的核心设计思想；教材、学情分析准确，较好地把握了学生的认知规律，通过行动学习法关注不同发展水平的学生；应用多元的学习方法突破重点、难点，教学过程层次清晰，意图明确，有一定的理论支持并能清晰阐述自己的教学设计意图。教学目标的制定符合课标要求。能够清楚阐述教学过程和教学方法；"词、句、文"阅读教学的过程清晰，重点突出。

有关注学生学习兴趣培养的意识，但有时还浮于表面，需要从学生的心理、生理、学习规律等方面给予学生的学习更多的关注，也就是要从学生的角度出发思考教学问题。同时，教学背景分析不足，教学中对学生的阅读策略培养不够。

三、答辩

能清晰表达自己的观念、阐述自己的观点，但对阅读文本的理解存在一定偏差，需加强理论学习，以丰富自己的教学理念。

在测试之前，我们给学员详细解读了基本功测评的内容框架，并提供了相应的评分标准。这样在测试结束后，学员通过研读个人诊断报告可以了解自身培训目标的达成情况，并进行自我归因分析；在学校教学师傅的指导下，为返校后的学习和工作制订后续跟进培训和职业发展规划。

从培训者的角度来说，培训结束后我们需要对培训的整个过程进行反思，撰写反思报告。具体来说，首先就是要基于基本功测评的数据做定量的统计，从而对培训目标的达成度进行量化评价；在此基础上还要进行定性分析，提供具体的质性佐证材料来支持或说明评价的结论。更重要的是，还要针对本次培训中发现的问题提出有针对性的改进意见，从而不断优化培训课程，提升培训质量。另外，一位专业的培训者还需具备很强的成果意识，要收集来自学员的一些典型案例，包括优秀案例和问题案例，为新一轮的培训积累课程资源。

我们的思考

1.从一定意义上来说，没有评价就没有培训，但不能为了评价而评价。

2.对接培训目标和课程研发培训评价标准是做好培训评估的基础。

3.评估的根本目的不是评价参训教师的优劣，而是通过评价诊断问题，着眼教师的长远发展。

4.数据不等同于信息，在大数据时代，要学会让数据说话。

5.专业的培训者应有很强的资源意识和成果意识。

你的思考

中学物理新任教师的需求是什么？这需要在培训前及时了解新任教师的需求和实际问题，多元调研培训需求，基于需求和问题确立主题，整合多元资源，设计培训课程，规划培训方案。2016—2017 学年海淀区中学物理新任教师培训的实验课程就具有明显的学科特色。

聚焦主题　自主展示　实践跟进
——中学物理新任教师实验专题培训实施案例

北京市海淀区教师进修学校　田成良

一、多方调研，精准分析

2016—2017 学年，我们对参加本次培训的 50 名中学物理新任教师进行了问卷调研，同时，采用了更多样的形式和渠道对新任教师的行为进行诊断，以更加真实地接近新任教师的实际需求。我们还对 10 位新任教师进行了课堂行为观察与课后个性访谈，从课标解读、目标制定、实验教学、教师基本功、校本培训内容、个人发展规划与当前面临的问题等角度展开，以便获得针对性更强的需求和共性问题。

（1）基本情况：本期新任物理教师共 50 人，实际参加调研的人数是 44 人，有效问卷是 44 份。从学员的基本情况来看，与往年相比，学员呈现出学历增高的现象，其中硕士及以上学历者达 100%(调研 44 人)，但非师范生的比例也在增加，本班学员中 83.3% 的学员为非师范生。因此，本次培训定位于满足学员的需求，同时要在解决实际存在的困惑及问题的基础上引领学员的需求，为其专业发展提供方向引领。

（2）需求分析：从学员需求调研问卷的结果看，学员的困惑主要集中在学情分析、情境问题创设、实验教学、教学语言四个方面。

物理是一门以实验为基础的自然科学，因此实验是物理教学的重点和难点，实验教学也是新任教师亟须掌握的技能。根据需求调研情况可知，新任物理教师虽然对实验有一定的认识，但重视程度不够，需要通过培训进一步加强认识，引领需求，以便提升实验技能。

二、聚焦主题，制定目标

针对新任教师特征、培训需求、实际教学问题以及青年教师专业发展规划，我们对培训进行了精心设计，计划以物理教学设计为载体，主要提升问题设计、实验教学及课堂调控三个方面能力，以此带动新任物理教师教学设计能力的提升。为此，我们确定了以下培训主题和目标。

（1）培训主题：夯实实验教学基本功，提高教学的实效性。

（2）培训目标：以物理教学基本技能和实验教学为载体，提高青年教师课堂教学的实效性。

①对教学设计形成整体认识，理解教学目标、教学活动和教学评价之间的逻辑关系。

②提升板书（板画）、教学语言、多媒体技术等基本功，初步掌握调控课堂的基本策略。

③掌握基本的实验教学基本技能，开展有效的实验活动，提高对实验教学的重视程度。

（3）通过主体参与，提升学习能力、合作分享能力和自我反思能力。

三、整合资源，规划课程

基于需求调研的内容，针对培训主题和目标，我们对培训课程进行了设计。这里主要呈现实验专题培训模块的相关内容（见表1）。

表1　实验专题培训模块

培训时间	培训课程	培训内容	培训形式	培训师资
第六次活动	中学物理演示实验教学策略	针对实验教学提出合理建议，通过演示实验，了解提升实验效果的基本策略（突出培养实验技能）	讲座＋案例分析＋实践	高中：吴老师　初中：鲍老师

四、多元师资，精准实施

2016—2017 学年海淀区新任物理教师培训总课程表

在对实验专题培训模块具体实施时，由于本期教师人数较多，为提高活动的针对性，决定分学段进行，其中高中教师24人，初中教师26人。为此我们也对培训者进行了人员分工。

吴老师（市级骨干教师，中学高级教师）：负责高中物理教师培训。

鲍老师（北京市特级教师）：负责初中物理教师培训。

田老师（教研员）：负责全面协调，提炼梳理。

（一）实施形式——小组实践，互动点评

1.初中组：共分5个小组

环节一：提前布置任务，各小组共同准备。以"内燃机"一课为例，进行分组展示。鲍老师和田老师针对汽油机和柴油机的模型以及自制教具，进行现场点评，给出合理建议。

环节二：结合案例展示中出现的问题，各组总结演示实验教学中的策略及注意事项。各组交流讨论，展示汇报。

环节三：鲍老师做题为"初中物理演示实验与教具制作的策略"的讲座。鲍老师以具体的案例为载体，从实验的组成部分，演示实验的原则、策略以及技巧等方面与学员进行交流。

环节四：在后面的研修活动中，多次实践、练习、内化，开展以演示实验为主的说课展示。各组结合前面三个环节中的问题进行改进，在具体的案

例微格教学中进行实践。田老师进行现场点评，给出合理建议。

2. 高中组：共分 5 个小组

环节一：现场分组，任务分配，各组以"共振"演示实验为例，进行实验教学展示（微格教学）。介绍本实验的重难点、需要注意的问题等。

环节二：吴老师进行现场点评，指出教学中的问题，给出合理建议。

环节三：吴老师做题为"高中物理演示实验教学策略"的讲座，针对高中物理演示实验教学中存在的问题，以实际教学案例进行说明，给出演示实验中的合理建议。

环节四：在后面的研修活动中，多次实践、练习、内化，开展以演示实验为主的说课展示。各组结合前面三个环节中的问题进行改进，在具体的案例微格教学中进行实践。田老师进行现场点评，给出合理建议。

（二）实施特点

1. 实践性

本次培训突出实践性。即让学员现场进行模拟上课，实战演练，针对具体的一节课分组展示，从而暴露教学中的问题，并让大家在讨论中相互学习、共同提高。

2. 跟进性

本次培训采取个人展示、点评、互动和专家讲座的形式，通过一系列的活动和跟进式的指导，让比较抽象的教育理论内化于心，真正有效地促进新任教师的成长。

3. 互动性

在培训中，学员以小组为单位开展合作交流，按展示、交流、分享、互评的形式进行培训学习，这样有助于学员互动交流，相互学习好的做法；对于展示中发现的不足，给出合理建议，从而有利于新任教师的成长。

（三）培训效果

通过本次培训，大部分新任教师对实验教学有了新的认识，表示平时要加强对物理实验的开发和利用，通过设置问题链营造良好的教学氛围，积极学习，改进实验创新。鲍老师和吴老师利用身边常见物品制作教具，开展的实验讲座直观形象，给了学员很大启示。很多实验改进都可以很好地运用到日常教学中去，具有很强的借鉴性，激发了尝试改进实验的兴趣。总之，本次培训中新任教师的收获非常大，不仅实验技能有了很大提高，还加强了对实验教学重要性的认识。

除了上述实验教学改进展示外，还让学员开展了后续的研究，针对不同实验内容，撰写实验案例，探索实验教学的优化路径，改进实验教学行为。在后续研究中，以案例为载体，激发新任教师的研究热情，使他们认识到实验的重要性，掌握基本的实验技能和教学策略。此外，很多新任教师还自己开发了实验教学课例，有20多位老师开发出了30多节微课，这样用形象直观的视频代替文字材料，可以使交流学习变得更加简单；同时，老师们的实验技能和信息技术水平也得到了提高。

我们的思考

1.实验是物理学科的基础，实验技能是中学物理新任教师的重要基本功，所以要加强物理新任教师对实验教学的认识，将其作为培训的重要内容。因此，应通过多种渠道了解实验教学中的问题，以便摸清培训的需求和起点。

2.物理实验技能培训应重在实践练习。培训采取模拟练习、学员之间互评、专家点评的方式，给予学员很大的自主空间，也提供了暴露问题的机会，让学员们相互借鉴、从中受益，以避免在实验教学中出现问题，这也更符合物理新任教师的成长规律。

3. 实验教学技能培训要围绕教学中的问题展开，在互动中生成，随着新任教师对物理实验教学认识的加深，他们也在不断改进实验教学的行为。这样会更有利于新任教师解决课堂中的问题，提高课堂实效，促进学生的全面发展。

你的思考

如何帮助新任教师尽快从"学生"到"教师"的角色转换？如何帮助新任教师规范教学，夯实基本功，尽快站稳讲台？如何促进新任教师自觉发展专业能力，自主规划专业成长，彰显个性风格？2016—2017学年海淀区中学历史新任教师学科课程培训方案对此进行了尝试。

立足规范　彰显个性
——中学历史新任教师学科培训方案

北京市海淀区教师进修学校　李　静

一、培训背景

学习贯彻国家、市（区）关于教师培训工作的重要文件及相关精神，为帮助新任教师尽快完成角色转换，提升新任教师的业务能力，促进教师队伍的梯队成长，依据《中学教师专业标准（试行）》《义务教育历史课程标准（2011年版）》和《海淀区新任教师学科培训方案》的相关要求，在基于需求调研、综合分析的基础上，我们制定了《2016—2017学年海淀区中学历史新任教师学科培训方案》。

二、培训对象

2016年7月以后进入海淀区工作的中学历史新任教师，共计23人。

三、需求调研

为了解新任教师的真实需求、发现真问题，我们通过常规下校调研、走进常态课堂、新任教师通识培训、学科组交流、学科问卷调研等多层面、多角度的调研，获得相关的真实培训需求。结合培训者多年的教学经验、参加培训时的感受和近几年培训的经验，综合分析，设置培训课程。在实施学科培训过程中，通过课间面对面交流，以及教研网和微信群等网络平台适时沟通，多方位了解学员的学习状况，及时跟进需求，必要时对相关内容做出适当调整。具体调研过程如下。

（1）倾听，观察。以观察者的视角进行培训前期调研，利用下校调研的机会，通过与教研组、备课组、老学员的交流，侧面了解新任教师融入学校、学科组的程度及其对本学科、本岗位的认同度。通过走进常态课堂，观察新任教师的教态以及教学设计的撰写、学生活动设计、课堂师生对话等真实现场的表现，发现其特长和需要改进的地方。通过通识培训中对参训教师考勤、学习状态、交流互动等情况的观察，了解其学习态度。用心倾听，客观观察，发现学员的实然状态，初步诊断学员的现实需求和隐性需求，为后期的综合分析、准确诊断提供参考依据。

（2）分析，诊断。以教师、培训者双重的视角，进行学科培训调研综合分析和判断。根据项目统一问卷模板，结合前期下校调研的情况，利用网络平台对中学历史新任教师进行学科问卷调研，以便更准确地发现学员的真实需求。有效问卷调研数据显示，学员感到困惑或需求比较集中的地方主要在如下几个方面。（见表1）

表1　海淀区中学历史新任教师需求集中的十个方面

序号	需求选项	人数
1	如何调动学生的学习积极性	20
2	如何进行教学能力评价	19
3	如何提高学生的思维能力	19
4	如何围绕教学目标设计教学活动，特别是关注学生学的活动	18
5	如何进行课堂教学组织	17

续表

序号	需求选项	人数
6	了解不同版本教材的特点，知道其设计理念、结构	17
7	理解课程标准的要求，与教材进行对接	17
8	备课中思考如何组织、讲授知识点	17
9	学科教学知识	16
10	课堂沟通协调能力	13

从以上数据中，我们发现学员感到困惑和有需求的内容多而杂。为聚焦问题，更有针对性地实施培训，按学科教学基本功的教学设计、教学实施以及教学评价与反思三个方面对学员的需求进行聚类分析，发现学员需求主要集中在教学设计和教学实施两大方面，对教学评价与反思的需求比较少。对教学设计和实施两大方面的需求是可想而知的，毕竟新任教师从教时间短，教学实践经验不多。

但在本次调研中，我们还发现学员对某些问题看似有认识但其实不然，如学员有 19 人选择了"如何提高学生的思维能力"，同时又有 17 人选择"备课中思考如何组织、讲授知识点"。这在一定程度上反映出新任教师在"教"教材而不是"用"教材，强调学科知识而忽视学科思维能力培养，这是不符合教育发展规律的，也不利于学生的长远发展。再如，有 17 人认为"理解课程标准的要求，与教材进行对接"有一定困难，说明学员解读课标、结合学情分析教材并将之真正落实到课堂上还有差距，这是正常的现象。但在实际访谈中，学员认为能依据教学内容制定教学目标，表述准确、清晰，这说明学员理解的教学目标多数是教师"教"的目标，而不是学生"学"的目标，这势必会用教师"教的目标"评价学生"学的目标"，从而影响评价的可操作性和有效性，最终影响对学生学习的评价。

另外，仅8人在备课中关注"如何设计和组织学生的课堂活动"并对此有困惑，这是否也反映出教师忽略学生"学"的主体性，过分关注自己"教"的过程呢？在课堂实施中会不会出现教师自我陶醉地"教"，学生却游离在课堂之外，造成"教"与"学"的脱节呢？我们应该如何帮助新任教师厘清问题、规范教学、总结反思、专业成长呢？

四、培训主题

基于以上思考，本期培训选择以"立足学情分析的教学设计与反思"为主题。也就是要立足学情分析，以教学设计为抓手，通过"教材分析—教学设计—教学实施—教学效果与反思"的环节，将新任教师目前感到困惑的关键问题穿插进整个培训当中，为新任教师搭建思考与实践的框架。在边听边改、边观摩边实践、边交流边反思的过程中，让新任教师评价自己的教学行为，判断教学分析是否合理，反思个人专业理解是否到位，从而进行实践改进。

五、培训目标

（1）熟悉课标和教材内容，理解各模块、各主题内容间的逻辑关系，完善学科知识结构。

（2）了解学情分析的基本角度，能够使用基本手段进行学情分析，制定学生的学习目标。

（3）通过观摩骨干教师的课堂教学，帮助新任教师形成学生发展导向的教学观和学生观，进而提升基于学生学情的课堂实践操作能力。

（4）引导教师主动进行教学研究，不断反思和修正教学活动，努力探求适合自身专业发展的路径。

六、培训时间

2017 年 3 月—6 月，每周二上午 8：30—11：30，共 10 个半天、40 学时。

七、课程设计

基于需求调研和培训主题及目标定位，我们对课程进行了如下设计。（见表 2）

表 2　海淀区中学历史新任教师培训课程设计

序号	培训内容	培训形式	培训目的
1	解读方案；课标研读与教材分析	介绍方案专题讲座案例分析	明确培训目标和设计意图，了解培训评价方式，引导学习；理解课标的组成与作用，了解多版本教材与如何分析教材；通过课例分析，理解课标、教材、学情的对接，侧重反思自己的教学设计中课标和教材的对接、对教材的理解和整合
2	怎样写教学设计	案例分析互动交流	明确教学设计的概念，知道教学设计中的学习理论和教学设计的规范流程；通过对优秀案例的分析和研讨，侧重反思自己的教学设计是否规范，教学立意是否准确
3	基于学情分析的教学目标制定	案例分析互动交流	学习一线名师如何针对不同的学情制定教学目标；侧重反思自己的教学目标是否针对学情，是否可操作和可实现
4	研究课观摩与交流（一）：高一《工业革命》	同课异构	观摩骨干教师如何基于学情整合教材和确定教学目标，关注教学目标的达成度；同伴研讨，名师对话，聆听专业点评与引领
5	研究课观摩与交流（二）：初一《城市风貌与社会生活》初二《对外开放》	课堂观摩	观摩青年优秀教师与新任教师的课堂，学习如何设计学生活动、调动学生的学习兴趣；同伴研讨，名师对话，聆听专业点评与引领
6	基于学情的历史情境设置	案例分析互动交流	通过名师案例的剖析，明晰情境教学的概念、类型和原则；侧重反思自己的情境设置是否适切、有效

续表

序号	培训内容	培训形式	培训目的
7	研究课观摩与交流（三）： 初一《宋元时期的重大发明（一）》 初二《蓝色的地中海文明——古希腊》	课堂观摩	观摩骨干教师课堂情境中教学策略的选择与运用，丰富学员关于学生活动方案设计的方法，以及学生活动时问题设计和追问的技巧； 侧重反思教学策略的选择及学生活动方案的设计
8	修改教学设计	分组指导 修改交流	聚焦小组共同关注或存在的问题，进行深度交流；个人分享，组内碰撞，发现所长；骨干教师进行引导和启发； 侧重整理教学设计中的相关问题，进行反思、修改和完善
9	基本功测评 微格＋说课＋答辩 实践反思	测评	学员展示教学片段，通过答辩环节引导学员深度思考，进行专业引领； 侧重反观自己的课堂教学，扬长补短
10	学员展示和小组交流 总结和评选优秀学员	展示交流 反思总结	选择优秀学员展示分享研修过程中的课例； 班主任对学科培训进行全面总结，激励学员后续的学习

八、培训特点

（一）自主实践性

基于新任教师的实践背景，在培训过程中设计了观摩课、研究课，穿插专家和优秀教师的点评，通过边听、边讲、边做，促进反思，完善教学设计，积累教学经验，推动实践的优化。

（二）持续跟进性

本次研修从教材分析、教学目标、教学活动、课后反思，到修改教学设计，到再实施，连续跟进指导，帮助新任教师发现教学中的问题，反思自己的教学行为。培训过程中适时激励和引导学员交流，及时记录每次活动后的微总结。培训结束后，向每位新任教师反馈基本功测评评委的具体意见和建议，帮助新任教师发现自己的优势及不足，以便在今后的教学中扬长补短。

（三）互动生成性

此次研修基于新任教师在历史教学中的实际问题，围绕问题展开，在培训过程中，搭建学员互动、实践、体验和反思等多种学习交流形式，强调学员的主动参与和同伴交流，在互动中发现问题、解决问题、碰撞智慧、众筹资源，提高教学设计和课堂实施能力，培养反思的习惯。

九、培训作业

（一）交流互动

要求：每次讲座后需在微信群里就其所获、所思积极发言，字数不少于200字。

（二）教学设计

要求：撰写一份教学设计，第一次培训时提交电子稿，培训中不断修改，培训结束时上交（保留修改痕迹）。

（三）教学案例（选做）

要求：结合培训内容，选取课堂教学中的至少一个关键事件，描述事件的过程、解决措施或方法以及解决后的反思。字数不少于1500字。

我们的思考

1.组建新任教师学习共同体。新任教师因毕业院校、工作单位和所教学生的不同，自身资源各不相同，可以让他们在互动交流、解决问题的过程中了解他人、认识自我和完善自我。

2.搭建多元专属师资团队。区内外教师的不同视角、骨干教师与青年优秀教师的榜样激励、示范校与普通校的风采展示等，为新任教师专业发展提供不同的学习途径。

3.强调共性与个性齐头并进。培训过程中既强调教学的规范性，把通过调研发现的共性问题加以改进，妥善解决。同时又注重激发学员的主体意识，鼓励在教学中持续创新、彰显个性。

你的思考

教师培训工作的起点，是找到教师教学实践中存在的困惑或问题，把困惑和问题转变成培训的主题。找到问题并解决问题，是培训的指向。那么，如何找到教师的困惑或问题，即真正的培训需求，并据此确定培训主题呢？海淀区中学生物新任教师培训需求分析与主题确定值得借鉴。

系统调研　科学分析　精准提炼

——海淀区中学生物新任教师培训需求分析与主题确定案例

北京市海淀区教师进修学校　王秀英

一、生物新任教师培训需求的调研设计

（一）需求调研的思路

> 调研思路决定调研的方向，即调研什么，怎么调研。

1. 了解生物新任教师学科教学的培训需求

依据《中学教师专业标准（试行）》，教学基本功包括教学专业知识和教学专业能力。教学专业知识包括教育知识、学科知识、学科教学知识以及通识性知识；教学专业能力包括教学设计、教学实施、教学评价、沟通与合作、反思与发展等能力。我们从生物学科教学基本功切入，对上述与学科教学直接相关的内容进行下一级拆解后形成具体的调研内容。

2. 了解生物新任教师所在学校的校本研修

因为生物新任教师学科培训是海淀区区级层面的学科培训，所以不仅要对学员本人的学科教学需求做调研，还要对学员所在学校的学科校本研修做调研，包括学科校本研修的内容与形式，以利于培训需求的诊断。

3. 了解生物新任教师的个性化需求

在进行学员学科教学需求调研的同时，要进一步调研学员的个性需求，

把学员个性化的需求通过具体内容的描述（或以访谈的方式）体现出来。

（二）调研的内容与工具／形式

1. 基本信息调研——问卷形式

内容包括：性别、年龄、最高学历、毕业学校、所学专业、任教年级、任教年限、承担研究课的意愿等。这些都是培训设计要考虑的因素。具体以问卷填答的形式进行。

2. 培训内容和培训形式的调研——问卷形式

（1）培训内容的调研。根据项目的整体安排，我们将培训内容的调研定位于教学基本功培训的调研。按照《中学教师专业标准（试行）》中的教学专业知识，考虑到现在的新任教师学历都很高（博士占比超过一半），所以调研只从学科

调研的内容指向培训的内容与培训的形式；调研的形式由调研的内容决定，一般问卷形式为主，访谈形式为辅。形式为内容服务。

教学知识方面展开，如学科课标研读、课程资源开发、学习者分析、教学内容分析、教学方法与策略等。教学专业能力从四个方面展开，即：①教学设计，如教学目标确定、教学流程设计、教学问题设计、学习活动设计、板书与多媒体设计、教案编写；②教学实施，如情境创设、学习兴趣的激发与保护、教学方法的选用、探究教学、课堂组织与管理、教学语言运用、学科专项技能；③教学评价，如学生学习评价、作业设计批改与反馈、试卷命制与分析、如何听评课；④反思与发展，如教学反思、教学问题研究、专业发展规划。调研内容的逻辑顺序按照教学的"分析—设计—实施—评价—反思与发展"进行。（见表1）

表1　有关培训内容的调研工具

调研内容纬度		学科教学基本功困惑	遇到的具体困难和问题描述
专业知识	学科教学知识——教学分析能力		

续表

调研内容纬度		学科教学基本功困惑	遇到的具体困难和问题描述
专业能力	教学设计能力		
	教学实施能力		
	教学评价能力		
	反思与发展能力		

（2）培训形式的调研。根据以往的培训经验来看，案例分析、课堂观摩，再配以高效的讲座，是比较有效的培训方式。但是，由于培训群体组成的情况在不断变化，其学历结构、学习方式也随之变化，所以了解对培训形式的需求，有利于我们设计新任教师的学习与发展路径。（见表2）

表2　有关培训形式的调研工具

培训模块	有关培训形式的具体建议
教学理论环节	
教学实践环节	
基本功测评环节	
总结反思环节	

3. 教学实践的个性调研——问卷／访谈形式

内容包括：各种生物课型在课堂上运用的课堂管理措施；从教以来，自己认为比较成功的经验或难于解决的教学问题；职业发展的想法；等等。例如，在学科教学实践中，您是如何关注学生的？写出具体有哪些方面以及各方面的具体做法。

4. 学校校本研修的调研——访谈／问卷形式

调研内容主要是在教师专业知识和专业技能两个维度上，了解学校在校级和学科组两个层面都做了哪些培训。由于生物新任教师非师范专业的人数较多，调研更关注专业知识维度的部分，如教育知识中的学生知识、教学知识等方面。这主要通过学员访谈或负责人问卷调查的方式进行调研。（见表3）

表3　校本研修的调研工具

调研角度		调研问题
专业知识	教育知识	学校进行了哪些教育知识的培训？（学生身心发展规律、认知特点与规律……）
	教学知识	针对学科课程（教材），培训了哪些内容？（知识体系、思想方法……）
专业技能——教学技能		是否有教学师傅？教研组内或跟从师傅，主要学习的内容有哪些

二、生物新任教师需求调研的结果

1. 生物新任教师的基本情况

以2015年的生物新任教师为例，从学历上看，博士研究生占55%，其余全部为硕士研究生（占45%）；从毕业院校看，30%来自师范大学，70%来自综合大学及科研院所；从所学专业来看，与课程和教学有关的毕业生只有10%；从教龄上看，有过教学经历的占10%，其余为1年以内的教学新手。

2. 生物新任教师培训内容与形式的需求

（1）问卷分析的基本方法。（见表4）

表4 问卷的题型与分析方法

问题类型	基本分析方法
表格型问题——基本信息	可对部分信息做归类，统计百分比
封闭式问题——选择题	统计百分比
开放式问题——简答题	定性分析、分类后定量分析
情境型问题——简答题、选择题、表格题	定性分析、定量分析
排序型问题——选择题	平均等级或综合等级进行综合排序，取得综合位次
等距判断型问题——表格题	统计百分比；可以赋分值后，统计平均分和标准差，看综合水平；也可以做相关分析和差异检验

（2）分析汇总培训内容的需求。从反馈的数据可以看出，新任教师在培训内容方面的需求与困难突出表现在：学习者分析（占65%）、课堂组织与管理（占45%）、课标研读、学习活动设计和如何听评课（分别占35%）五项需求。具体困难和问题见表5。

表5 培训内容的需求和具体困难

内容维度	培训需求	主要困难和问题
教学分析	学习者分析（65%）	缺乏学情分析的具体方法；不能正确分析学生现有的认知水平；不能很好地了解学生的已知和未知，以及基础差异
	课标研读（35%）	不会细化课标，通过研读课标正确分析授课侧重点；不能把握课标要求的学习程度
教学设计	学习活动设计（35%）	学习活动的设计缺乏趣味性和有效性，如何做到活动的趣味性和学生知识性之间的平衡；活动设计不能达到预期
教学实施	课堂组织与管理（45%）	缺乏有效调控课堂纪律的办法；不能关注到每一个人；缺乏引导学生专注于学习并发表见解的能力；不能有效提高学生的课堂效率；活动设计中组织、管理能力较弱；在教学中欠缺应对突发事件能力
教学评价	如何听评课（35%）	不知道好课的标准；不知道如何听评课；对有效地进行听评课有困难

（3）反馈汇总归纳，发现对培训形式的需求与建议。（见表6）

表6　培训形式的需求和具体建议

培训模块	希望的培训形式	具体建议
教学理论环节	案例式讲座	希望结合课堂教学实例学习相应理论，有结合实践的案例，针对具体问题讲解相应的理论
教学实践环节	观课交流	观摩示范课、优秀教师的展示课，大家评课，一起讨论，交流各自的教学实践
基本功测评环节	比赛或说课、微课	希望多形式的讲、练、测结合
总结反思环节	座谈讨论或书面作业	结合学员自己的案例交流

3. 任职学校校本研修

海淀区生物新任教师校本研修调查统计发现，在专业知识维度上基层学校关注不够的有：教学取向的学科知识、生物课程标准等；与学生的学习心理、认知规律等相关的知识；生物课程的知识体系和学科思想方法，专题的、先进而有效的教学方法和策略等教学知识。在专业技能维度上，基层学校关注不足的是生物专项教学技能方面的培训，特别缺少教学评价方面的培训和学生学习的过程性评价培训。

4. 教学实践的个性调研结果

此项调研对于主题打开、具体课程设计和培训活动设计都很重要。例如，通过"您在学科教学实践中，对学生的关注点以及具体做法"的调查得知：新任教师对于学习者分析关注得甚少。新任教师关注最多的（占30%）是学生对教学后知识点的掌握程度——教学效果，通常是通过学生的作业、课堂表情、与学生的交流以及学生分析问题的思路等来判断的。关注学生的基础水平、知识的前概念、生物相关的兴趣点、课后问题以及适合的教学模式等方面的新任教师仅占0.5%。对学生学习行为的关注主要集中在课堂表现和学生作业（各占 45%）以及课堂问题回答方面（占 30%）。

我们还可以看到，新任教师具备一定的学生主体意识，如让学生主动思考、努力引发和培养学生的学习兴趣、调动学生的学习积极性、注重培养学生的实验能力、提高学生的课堂效率等，但缺少行之有效的方法。调研结果汇总见表 7。

表 7　2015 年中学生物新任教师学科培训调研结果

调研维度	调研形式	调查结果
学科教学	问卷	学习者分析（占 65%）、课堂组织与管理（占 45%），课标研读、学习活动设计和如何听评课（每项各占 35%）
校本研修	问卷	专业知识：缺乏学生学习的相关知识；教学知识；教学取向的学科知识、生物课程标准等 专业技能：欠缺学生学习的过程性评价的技能；生物学科专项技能
个性需求	访谈	学习者分析，缺少具体的方法；学生的基础水平关注较多，知识的前概念、生物相关的兴趣点、课后问题以及适合的教学模式等关注较少；具有一定的学生主体意识，但是缺少行之有效的方法；对于学习者分析、关注得较少

三、结合需求进行综合性分析，确定生物学科培训主题

1. 主题确定的依据

培训不仅要满足需求，还需要培训者进行专业判断，从而通过培训激发、引领需求。因此，主题的确定需要考虑以下几个要素。

《中学教师专业标准（试行）》是教师培训的主要依据之一。该标准是对中学合格教师专业素质的基本要求，是教师开展教育教学活动的基本规范，是引领教师专业发展的基本准则，是教师培养、准入、培训、考核等工作的重要依据。因此，不仅要依此进行需求的调研，还要依此进行专业分析，以利于培训者的专业判断。

生物学课程标准（包括义务教育和普通高中）为中学生物教师培训提供

了学科培训的专业依据。国家课程标准是由教育部颁布的带有指令性的、重要的国家文件，是国家对基础教育课程的基本规范和要求。课程标准是教材编写、教学、评估和考试命题的依据。换句话讲，学科教学必须是依据学科课程标准来进行的，因此课程标准自然成了教师教学基本功培训重要的学科专业依据。

新任教师的个体情况和培训需求是培训的重要依据。此外，新任教师在职学校的校本研修也是区级培训要考虑的因素之一。

2. 综合性分析，确定培训主题

（1）生物新任教师基本状况分析。生物新任教师是高学历群体，对与其所学专业相关的知识涉猎广泛、理解深入，具备生物学科知识素养（本体性知识），有较高的科学素养、研究能力和探索精神。但是，大量综合院校科研院所的生源，没有经过师范专业的教育，有的甚至还没有参加教师资格的考试。他们亟须补充教育学、心理学、教学法等教育相关的基本理论，并在实践中得到锻炼。

（2）培训需求的解读与综合分析。对培训需求进行解读、分析前，要对调研材料做三步工作：首先对学员填写的每项需求后面对应的具体困惑和问题描述进行分析，做出专业判断，并调整到对应的需求中；其次统计高频次出现的需求，将其作为分析的重点；最后按照调研内容的五个维度归类汇总。由于新任教师刚刚进入教育教学岗位，对教学上的很多词语还很陌生，有的甚至不知道是什么意思，对教育教学工作缺乏了解和理解。学员对培训需求的报告更多地要以目前感受到的困惑或遇到的问题为准，所以，培训者首先是根据其描述的问题做判断，来调整需求与描述的对应关系；然后统计、筛选出高频次出现的需求项目。例如，生物新任教师需求的统计结果就如前面表5培训内容的需求和具体困难所示。

注意需求解读与分析的方法，主题确定的依据就是调研的依据，这是科学性的保证。

按照《中学教师专业标准（试行）》中的教学基本功要求，我们先进行教学分析和教学设计的需求解读。通过对统计结果进行分析，发现有关学习者分析的需求比例最高，这就印证了新任教师在学生学习知识、教学知识、课程知识方面的先天不足，以及校本研修的欠缺。学校教研组对生物课程标准研读也缺乏必要的指导，因此课标研读成为高频需求点之一。一方面，新任教师从对学习者分析、课标研读（教学分析）的关注到对学习活动设计（教学设计）的关注，直至对课堂组织与管理（教学实施）的需求，反映出新任教师对学习主体——学生的重视。新任教师遇到的核心问题是：教学在学生身上难以落实，如何上好课。从问题的源头来讲，高学历的生物新任教师群体的分析能力很强，也具有了教学分析的意识，但他们真正缺乏的是学生学习的知识和学情分析的方式方法，这是培训首先要解决的问题。另一方面，从对学习活动设计的高频需求，能够反推出对教学内容的分析也应该是重要的需求，只是新任教师自己没有意识到而已，他们直接的感受就是教材就那么多内容，如何设计教与学的活动？这就是教学分析上要求的备学生、备教材、备课标（强调"三备"），在"三备"的基础上才能进行教与学的设计，而新课程理念下突出的是学习活动的设计。

再来分析教学实施和教学评价。我们先来看一下生物课程标准的四大部分以及每部分包含的主要内容。（见表8）

表8　生物课程标准的核心部分及主要内容

核心部分	包含的主要内容
课程理念	面向全体学生； 提高生物科学素养； 倡导探究性学习； 注重与现实生活的联系（高中）
课程目标	一个宗旨：科学素养，包括科学知识、科学技能、科学方法、科学本质、科学视野
	三维目标：知识、能力、情感态度与价值观
	四基教学：基础知识、基本技能、基本活动和基本思想

核心部分	包含的主要内容
课程内容	对教师开展教学活动的具体指导，包括：主要课程；概念体系；主题（高中分必修和选修）
实施建议	教学建议
	评价建议：注重学习过程中的评价，不同教学方式的不同评价。检测知识性目标的达成，评价实验操作技能（高中），评价探究能力，评价情感态度与价值观
	课程资源的开发与利用建设

从表中我们可以看到，课程目标中强调的"四基"教学，除了基础知识和基本技能外，还有基本活动和基本思想，也就是学习活动和学科思想。学习活动是在获取知识或技能、形成学科思想的过程中建构的载体或搭建的平台，因此学习活动承载了其他"三基"，非常关键和重要。而学习活动的设计又恰恰是学员在教学设计方面高频出现的需求（学习活动的设计还可以在探究性学习方面落实课程理念），学习活动的设计要在深入教学分析（学生分析、内容分析、课标分析）的基础上选择适合的学习任务，制定不同层次的行为目标。

接下来就是教学实施的核心问题之一——有效的课堂学习活动的组织与管理，而这个组织与管理可以借助表8的实施建议中的评价建议——注重"学习过程中的评价"的作用（这是学员没有意识到的）；同时，以往新任教师培训追踪的分析显示，需要对学生"学习过程中的评价"给予足够的重视和关注，所以要把学习的过程性评价与学习活动的组织与管理整合到一起，发挥其应有的作用。

另外，新任教师急需明确好课的标准，用以指导教学实践，并通过听评课建立心目中的榜样，不断学习借鉴，提高教学实施能力。由于培训的时间所限，我们把教学评价恰当地整合到了教学设计和教学实施中。关于教学反思与发展能力，则鼓励学员在每一次的培训中和培训后发挥主动性，自觉反思、改进教学行为，自主落实。

基于以上的综合分析，生物新任教师培训要从学习者分析切入，促使他们掌握学习者分析方法，研读课标和分析教学内容的方法，引导学员深入进行教学分析；明确好课标准，制定可操作、可检测的教学目标，从而有效、有针对性地设计学习活动，提高教学设计能力；并在实践中训练、学习、借鉴，发挥学习过程的评价作用，提升教学实施能力。生物学科培训是从分析到设计再到实施的系统培训，因此，此次培训主题就被确定为"基于学情分析的教学设计及实施能力提升"。

我们的思考

教师培训需求的调研，是建立在科学制定调研工具的基础之上全方位进行的，其中有如下几点至关重要。

1.科学制定调研工具，包括问卷、访谈提纲、课堂观察量表等。

2.调研的全方位覆盖，使区、校两级的培训互为补充。

3.运用科学的分析方法，保证调研结果客观、有效。

4.调研的结果要应用在主题的提炼以及培训课程的研制上。

你的思考

_____

_____

_____

_____

在当前的基础音乐教育中，基于学生音乐能力水平及其进阶的音乐教学问题愈来愈受到音乐教师的关注，成为音乐教学中的重难点问题。如何让中学音乐新任教师在培训课程中掌握必备的专业知识和有效的教育教学方法与技能，提升教学基本功和教学能力，改进教学水平，提高学生的音乐能力与音乐素养呢？

基于学生音乐能力发展　提升新任教师教学能力
——中学音乐新任教师学科培训方案

北京市海淀区教师进修学校　陈文雯

一、培训背景

中学音乐新任教师培训是音乐新任教师专业发展的重要途径。在当前的音乐基础教育中，基于学生音乐能力水平及其进阶的音乐教学问题愈来愈受到音乐教师的关注，成为音乐教学中的焦点问题和重难点问题。如何让音乐新任教师在教师培训中掌握必备的专业知识和有效的教育教学方法与技能，提升教学基本功和教学能力，改进教学水平，提高学生的音乐能力与音乐素养呢？

中学音乐新任教师培训将以泰勒的《课程与教学的基本原理》为理论依据，结合学生发展核心素养，以及《义务教育音乐课程标准（2011年版）》和《海淀区新任教师学科培训方案》，针对海淀区音乐新任教师的基本特点，研制出2016—2017学年海淀区中学音乐新任教师学科培训方案，以促使新任教师主动适应岗位需求，加快教师角色转变，不断提升教师专业素养和教育教学研究与实践能力。

二、培训对象

本期培训对象是 2016 年 7 月以后进入海淀区中学工作的新任音乐教师 14 名，其中硕士及以上学历占 80%。

三、需求调研

需求调研是培训的起点，也是一座桥梁，上对培训主题与目标负责，下为课程设计服务。需求调研与需求分析可以精准把握教师的培训需求，确定培训目标，增加培训的实效性和针对性。泰勒认为，要确定教育目标，需要来自三个方面的信息：对学生的研究；对现代生活的研究；学科专家的建议。这三个方面分别对应着学生、社会、学科三个方面的需求来源。

（1）调研学生需求，促进学生音乐能力发展。音乐学科能够培养学生什么样的关键能力？音乐教育以音乐为载体，在一系列生动形象的音乐审美活动中，培养学生感受、体验、理解、表现、创造音乐的能力，实现"以美育人"的课程目标。其中审美能力、音乐表现能力、音乐文化理解能力是学生通过音乐学习获得的关键能力。教师应该在教学中帮助学生明确学习目标，掌握音乐学习方法，循序渐进地提高音乐能力与音乐素养。

（2）调研教育专家，了解社会需求，引领青年教师成长。通过采访多位长期活跃在教师培训方面的专家，针对当前音乐教育中的焦点问题、重难点问题、音乐学科教育的特点与要求，以及在指导青年教师的过程中发现的现象、问题进行调研，同时宏观把握目前教育形势对教师的要求和青年教师的成长规律，来开发促进音乐新任教师专业成长的培训课程。

海淀区中学音乐新任教师学科培训需求调研问卷

（3）调研培训对象，精准确定培训需求。针对本次培训新任教师的受教育背景、目前的音乐教学工作状态以及需求，我们进行了调研，并以调研结果分析为依据开发培训课程。在问卷调查中，新任教师认为目前急切需要培训的内容有：提升音乐教材分析能力与课程实施能力，提升音乐课堂教学设计能力、教学能力和研究能力，帮助学生建立发展核心素养与音乐学科核心素养的关联，建立学科核心素养与音乐课堂教学的关联，基于学生音乐能力发展开展教学活动。

四、培训主题

基于当前的音乐教育教学背景，结合调研需求，中学音乐新任教师的学科培训主题被确定为：基于学生音乐能力发展培养需求，提升新任教师教学能力。

五、培训目标

（一）培训总目标

新任教师能够明确学生音乐能力水平及能力水平划分标准；分析不同类型音乐课程的教学内容、提问设计、活动设计；在音乐培训活动中感悟、理解教学内涵，交流、讨论教学困惑，逐渐积累并构建自己的教学实践性知识，提升教学能力。

（二）具体目标

（1）理论学习：专家引导学员学习学生发展核心素养与音乐课程标准理念，帮助学生建立发展核心素养与音乐学科核心素养的关联；建立学科核心素养与音乐课堂教学的关联。

（2）基于学生音乐能力培养需求提高教学能力。明确各年级学生的音乐能力水平标准及音乐能力水平划分标准；基于学情，分析不同类型音乐课程的教学内容，把握分析教材、说课、案例编写的方法，提高教学能力。

（3）观摩课堂教学活动，通过具体案例研讨不同类型音乐课程的教学设计与实施的基本功，引导学员体会课堂组织与管理、激发学生学习动机和进行教学提问等方面的技巧和方法。

（4）学员通过上课与说课进行教学实践，将理论和实际相结合，感受完整的教学过程，发现并解决教学中的问题。

（5）总结反思、固化学习成果，初步形成自己的教学观念与教学方法。

六、培训时间

2016 年 3 月 13 日—5 月 22 日，每周一下午，培训 4 课时，共计 10 次。

七、课程设计

在需求分析的基础上，考虑培训内容的逻辑以及新任教师学员学习的心理逻辑，我们系统地设计培训课程。（见表 1）

表 1　海淀区中学音乐新任教师培训课程设计

环节	培训内容	培训形式	培训目的
启动	新任教师培训方案解读；各年级学生音乐能力水平标准及水平划分	互动讨论 + 案例分析	明确各年级学生的音乐能力水平标准及水平划分标准
内容分析到问题设计	初中音乐教材分析与案例研究	案例式讲座 + 互动讨论	基于学情，分析教材中的教学内容，提高学员分析教材的能力
	歌唱教学实践研究	听、评研究课 + 互动讨论	通过具体案例研讨歌唱教学的教学设计、提问设计与活动设计，引导学员体会课堂组织与管理、学生学习动机激发和教学提问等方面的技巧和方法
	音乐欣赏教学实践研究（音乐知识与技能的内容分析与提问设计）	听、评研究课 + 互动讨论	通过具体案例分析音乐欣赏课程的教学内容，提高学员分析教材、把握音乐欣赏教学的教学规律与思路
	器乐教学实践研究	听、评研究课 + 互动讨论	通过具体案例，探讨器乐教学音乐课程的教学设计、提问设计与活动设计，引导学员把握器乐教学的教学规律

续表

环节	培训内容	培训形式	培训目的
内容分析到问题设计	歌唱教学研究课	歌唱教学研究课实践＋互动讨论	通过歌唱教学研究课实践，探讨歌唱教学的教学设计、提问设计与活动设计，引导学员体会课堂组织与管理、学生学习动机激发和教学提问等方面的技巧和方法
	欣赏教学研究课	欣赏教学研究课实践＋互动讨论	通过欣赏教学研究课实践，探讨欣赏教学音乐课程的教学设计、提问设计与活动设计，提高学员教学能力
	器乐研究课实践研究	研究课＋互动讨论	通过课堂实践，提高学员对器乐教学课程的教学设计、提问设计与活动设计的教学能力
学情分析到活动设计	不同类型音乐课程（中国传统音乐、世界音乐）的教学内容分析与教学方法探讨；音乐知识与技能的内容分析与提问设计	案例式讲座＋互动式讨论	基于学情，分析不同类型音乐课程的教学内容，提高把握分析教材的能力与教学能力
	不同类型音乐课程（中国优秀音乐、欧洲古典音乐）的教学内容分析与教学方法探讨；音乐知识与技能的内容分析与提问设计	案例式讲座＋互动讨论	基于学情，分析不同类型音乐课程的教学内容，提高把握分析教材的能力与教学能力
检测与交流	基本功测评	说课＋微格	通过上课与说课进行教学实践，将理论和实际相结合，感受完整的教学过程，发现并解决教学中的问题
	总结交流＋基本功测评反馈	案例分析＋分组交流	总结反思、固化学习成果，初步形成自己的教学观念与教学方法

八、培训特点

2016—2017 学年中学音乐新任教师培训课程具有以下一些特点。

（1）培训课程设计有两条逻辑脉络：一是从内容分析到问题设计；二是从学情分析到活动设计。每一条逻辑脉络内部，又根据学员的学习心理，设计理论指导、案例研讨、研究课实践等课程内容，最后通过基本功测评检验所学并反馈交流。

（2）培训内容是基于学生音乐能力发展培养需求提高教师教学能力。基于学生的学科能力水平展开教学，可以让音乐教学有据可依、有序可循，从而提升音乐课堂的教学品质，提升学生的音乐能力，促进学生核心素养的全面发展；与此同时，提高教师对不同类型音乐作品的教学分析、教学提问、活动设计的能力，提升教师的专业能力和教学能力。

（3）培训采用工作坊形式，将教学理论与实践相结合，以专家讲座、小组合作学习、课例分析及研讨、参与式案例教学、微格课展示研讨、现场教学观摩等形式展开培训。培训充分利用学科基地校的优势，增加学员观察课堂、参与课堂实践的机会，将专家理论讲解与课堂实践相结合，让学员通过观摩优秀教师的课堂教学，参与讨论，并与自身教学实践相结合，体会和解决教学中的困惑。

九、培训作业

（一）个人专业成长行动计划

内容：找出自己当前学科教学方面急需改进或提高之处，确定一两年内可以实现的专业发展目标，并设计具体的行动策略。

要求：充分分析个人在学科教学上存在的问题与困惑，提出明确、可行的奋斗目标，制定具体、完善的行动策略，字数在 1500 字左右。

（二）教学设计

内容：选取一个单元的某一课时，进行教学设计。

要求：在从整体上把握教学内容所在单元的核心问题与核心思想的基础上，进行一课时完整的教学设计。

（三）例说音乐学习的思维与方法

内容：基于中学音乐教学内容，分析知识背后蕴含的音乐思想与方法。

海淀区中学音乐新任
教师教学设计模板

要求：深入挖掘知识背后蕴含的音乐思想与方法，并加以阐述，字数 1500 字左右。

我们的思考

1. 调研是一座桥梁，把主题、课程和学员的需求联结在一起。基于需求的培训课程设计是培训者追求的目标。

2. 需求分析的实质是对需求进行聚类、甄别与整合。需求分析的目标是发现需求背后本质的、具有内在关联的关键性因素，以此作为课程设计的依据。

3. 中学音乐新任教师培训课程是在需求分析的基础上，结合当前的学科教育教学要求，依据课程内容逻辑和学习者心理逻辑，对培训内容进行有机组合，采用恰当形式付诸行动。通过专家引导把握正确的音乐教学理念，形成自己的教学观念与教学方法；通过观摩与音乐课堂实践提高教学能力，准确把握音乐教学方法；通过研讨学生音乐能力水平与能力水平划分标准，把握明确的教学目标，提高音乐课堂教学的有效性，提升学生的音乐能力和音乐素养。

你的思考

如何帮助新任教师实现从大学生到中学美术教师的角色转变？如何帮助新任教师在教学能力和专业能力两个方面提升？这需要对培训目标有明确的定位，对培训对象（新任教师）的需求有翔实的了解，进而有方向、有目标地设计课程，这样才能设计出高效实用的培训课程。

教学与专业齐飞　助力新任教师启航

——中学美术新任教师学科培训方案

北京市海淀区教师进修学校　杜　磊

一、培训背景

基于对新任教师的自身发展需求、对美育的认知和态度、艺术教育教学在素质教育中的重难点，以及新任教师针对艺术教育的创新性与期待等核心问题，需要对新任教师培训课程进行深度调研和设计。通过调研，我们能够对新任教师的专业能力和教学特点有一个系统深入的了解，同时洞见新任教师在教学和专业上的切实需求，从而让本次教师培训真正落到实处，让每一位教师都从中受益。

二、培训对象

此次新任教师培训的对象为 21 名中学美术新任教师。中学美术教师们承担着重要的使命和责任，必须充分发挥自身的作用，尤其是新任美术教师，作为学校美术教育的新生力量，要明确学校美术教育的思路，树立正确的美术教育观和美术教育的新思想与新格局，更要发挥自身的专业优势，将专业能力与教学能力相结合，因地制宜，创新艺术教育教学方式，探索简便有效、富有特色、符合实际的艺术教育方法，切实提高艺术教育教学质量。

三、需求调研

本次新任教师的培训旨在帮助新任教师明确教学思路和目标，落实立德树人的根本任务，在新形势要求下加快发展学校艺术教育；抓住重点环节，统筹推进学校艺术教育。需求调研从新任教师的职业发展和个人专业能力发展规划开始。教师职业标准要求教师具有深厚的学术根底、广阔的学术视野，还要熟练掌握现代教育技术。这说明教师的专业实际上包括两个：一个是学科专业，一个是教育专业。学科知识方面强调的是任教学科的学术水平；而教育专业则强调基于课堂教学普遍规律的教学能力。

于是，我们首先对教学能力展开调研，以弥补新任教师教学经验的不足，帮助新任教师尽快将专业知识与教材内容良好衔接。沿着这个思路，我们总结了新任教师在教材分析、教学组织、问题设计、学情分析和教学方法五个方面的困惑和问题。（见表 1）

表 1　海淀区中学美术新任教师需求分析

内容	学员的困惑与需求	我们的思考
教材分析	如何跨专业分析教材 如何把握教材内容的难易程度 如何分析提炼教材内容的难点 如何抓住教材重点	教材是课程标准的直接体现，如何将专业知识与教材内容结合，是新任教师面临的首要问题
教学组织	如何高效地组织教学活动 如何驱动学生的学习兴趣 课堂的教学活动之间如何良好衔接	教学活动是落实教材内容的过程，如何将教材内容以高效有趣的方式贯穿在课堂之中，是一节课的关键
问题设计	如何设计课堂问题链 如何做到课堂中的起承转合 如何通过提问引导学生的思路 如何通过提问培养学生的提问意识	问题设计可以有效引导学生思路，可以转接前后课堂内容，同时也可以培养学生的问题意识

续表

内容	学员的困惑与需求	我们的思考
学情分析	如何深入了解学生现有知识 如何了解和把握所教授学生的学习能力和学习特点 如何把对学情的分析结果反馈到教材内容和教学活动设计中去，优化教学设计	学情分析是把握教材内容和设计教学活动的出发点和落脚点，对学情的具体把握是上好一堂课的重中之重
教学方法	教学方法有哪些，如何将教学方法与教学内容密切结合 如何运用多种有效的手段和方法提高课堂效率	教学方法是教学活动设计的指导，也是学生学习特点的总结

此外，在美术学科教学普遍规律的共性层面，我们还设计了培训课程的调研方向，从培训内容、培训形式、培训师资和研究课型的角度设计调研问题，以便使培训内容更贴近新任教师在教学能力提升方面的需求。（见表2）

表2　新任中学美术教师培训课程调研

设问角度	调研问题
培训内容	1. 在教学设计基本功选项中选择您最需要的培训内容（最多选3项）：①学科专业知识；②课标研读；③教材解读；④学情分析；⑤目标确定；⑥教学流程设计；⑦学生活动设计；⑧教学方式选择；⑨教学问题预设；⑩板书及多媒体设计；⑪教案编写
	2. 请在教学实施基本功选项中选择您最需要的培训内容（最多选2项）：①情境创设；②教学提问；③课堂组织与管理；④教学语言运用；⑤课堂教学反馈
	3. 请在教学评价与反思基本功选项中选择您最需要的培训内容（最多选2项）：①学生作品评价；②说课；③听课；④评课；⑤撰写反思
	4. 结合课堂教学实际和自身需求，选择最需要培训的内容（最多选2项）：①说课指导；②陶艺课程开发；③国画课程开发；④教材与课例分析；⑤美术课程资源的开发和利用；⑥教学基本功测评
培训形式	请选择您最喜欢的培训形式（最多选3项）：①理论讲座；②听评课；③课例分析；④参与式培训；⑤讲练结合；⑥专家点评
培训师资	您最喜欢哪些师资（最多选3项）：①专业名家；②市、区教研员；③特级教师；④市、区级学科带头人及骨干教师；⑤一线优秀教师
研究课型	您最需要研究的课型（单选）：①实践课；②鉴赏课；③活动课

四、主题确定

通过对 21 位新任教师的深入调研和座谈，确定了旨在注重美术学科中不同专业方向的独特之处，从教学设计与实施、教师基本功、学校校本培训的内容与指导、个人发展规划与当前面临的问题等角度展开培训，以求得出更加有针对性的个性需求和共性需求。培训以美术课程标准中五大核心素养为导向，以教学规律和逻辑为基础，对美术学科中的教学共性以讲座形式展开，同时结合学科专业方向的不同特点，在海淀区各学校中选取典型的美术课堂，组织新任教师走入课堂，体会不同专业课堂的特点，取长补短。

五、培训目标

（一）聚焦教学共性

（1）教材把握：如何根据实际的学情和课标的具体要求扩展或压缩教材内容，如何设置教学内容容量；如何把握教材知识点、重难点；等等。

（2）课堂主要活动与提问的设计：如何设计问题链引导学生思考；如何有效地设计问题；如何引导学生准确地回答问题。

（3）学情分析：如何对学生做出具体画像和评估，如何深入了解学生的现有知识和学习能力。

（4）教师专业知识提升：因为美术学科具备多专业的特点，需要新任教师做跨专业的教学备课，这样才有利于核心素养的落实。这就需要新任教师广泛了解其他美术专业知识，才能胜任美术教育的工作。

（二）聚焦专业个性

（1）特色课程：以走进多所中学参观体验的方式，以陶艺课程、国画课程为典型案例，新任教师学习不同专业方向教室的建设和课堂组织。

（2）优秀教师课堂：新任教师走进优秀教师课堂，在之前的教学设计培训基础上，详细观摩优秀教师如何在课堂中实现教学设计的完美落地。

（3）校本课程：通过讲座形式，新任教师学习研发校本课程的经验，学习如何结合对本校学生学情的具体分析来进行校本课程的开发。

六、培训课程设计

2016—2017 年新任教师培训共有 40 课时，分为两部分：第一部分为教学设计和课例分析，主要集中于教学规律与学习规律的共性研究，从理论上和逻辑上帮助新任教师将自身专业技能和教育规律相结合；第二部分为走入课堂，即在第一部分培训的基础上，亲身体验教学设计如何高效地在课堂中落地，以及如何根据学科专业特点进行学科教室和学科课堂的组织与建设。由此，我们设置了 16 课时走进多所学校的实际课堂的培训模式，让新任教师以沉浸式的方式体验一线骨干教师的高效课堂，并以展示课为典型案例组织大家进行集体讨论和剖析。具体课程设计见表 3。

表 3　海淀区中学美术新任教师培训课程设计

序号	课程内容	培训形式	回应的问题与预期效果
1	教师职业规划教师专业发展	讲座、互动	分享教师职业经历，帮助新任教师深刻理解教师职业特点，明确如何规划教学与专业的相互促进
2	陶艺课程开发	到北京理工大学附属中学课堂实地听评课、互动交流	走进陶艺课堂，进行实战演习和观赏，帮助新任教师从优秀课程中汲取营养
3	国画课程开发	到北京八一学校课堂实地听评课、互动交流	走进国画课堂，通过听评课实地体验骨干教师优秀课程的课堂组织和实施，帮助新任教师反思日常教学
4	优秀教师现场课	到北京市第二十中学课堂实地听评课、互动交流	实地听课，走进不同的艺术专业课堂，帮助新任教师跨专业了解艺术课堂

续表

序号	课程内容	培训形式	回应的问题与预期效果
5	教材与课例分析	到北京市十一学校听讲座、互动	根据新任教师反馈的对教材的把握吃力的问题，进行教材与课例的分析，帮助新任教师更好地进行教材内容的开发
6	教师素质能力的培养	到首都师范大学附属中学听讲座、互动	聆听优秀教师的教师素质能力培养讲座，观摩学生成果，帮助新任教师了解不同的教学生态，开阔视野
7	美术课程资源的收集和利用	案例式讲座、互动	针对新任教师不知如何对教材以外的课程资源开发使用，专门开设相关讲座，帮助新任教师开阔美术课程资源开发的思路，丰富课堂内容
8	新任教师展示课	到北京市十一学校课堂实地听评课、互动交流	通过对新任教师展示课的观摩，以典型案例的方式进行讨论，帮助新任教师在实战中反思和提高
9	教学基本功测评	讲座、互动	通过教学设计、说课、教学技能展示、答辩、板书考核等内容考查新任教师的学习效果，同时测试培训效果，回应培训主题
10	总结交流评选优秀学员	展示、总结	培训总结和学员反馈，总结交流，并评选优秀学员

七、培训特点

此次研修课程的整体设计思路着眼于有效学习内容、有效学习指导、有效教学模式、有效学习评价、有效教学研究；整合集中培训、校本研修、名师访谈，走进优秀课堂，深入实际考察、融合技术助力的课堂实训、远程培训和"送培送教"等培训方式，推进混合培训的模式。

从基本的教师职业规划、专业发展开始，培训设计了陶艺课程的开发、国画课程的开发、优秀教师的现场课、教材课例的分析、教师素质能力培养、美术课程资源的收集和利用、新任教师展示课等内容，还包括研修成果的教学基本功测评，以及教师的试讲课和教学设计等作业的设计与评估，并组织了学员之间的交流和优秀学员的评选，顺利完成该学期的新任教师基本素养的研修培训。

此次培训的特点是讲座与实地考察穿插进行，真正让理论和实践相结合，实现了通过新任教师培训课程，让新任教师既能从教学规律层面对教学有理论层面的提升，又能帮助新任教师在实践和教学设计的落实层面进行提升的目标。

八、培训作业

在培训过程中，我们选择新任教师进行展示课并开展讨论与研究。在培训基础上，通过新任教师的展示课，一方面反映培训课程的成效；另一方面在实际课堂中洞见新任教师可能存在的深层问题，并将其反馈在培训课程之中。在课程培训结束时，每一位新任教师需提交完整的教学设计，以及15分钟的微格课堂展示，作为此次新任教师培训的成果总结。

我们的思考

1. 新任教师培训的课程设计要依据其培训需求和困惑而设定，让培训课程指向新任教师当下的职业诉求，帮助他们实现角色转型，在教学能力和专业能力方面获得双重提升，奠定职业起步的基础。

2. 对国家美术课程标准、美术学科特点、新任教师的专业背景的分析与把握是此次培训课程设置的关键出发点和落脚点，我们力图在培训课程中涵盖并实现这三点的有机结合。

你的思考

按照上级要求，新任教师教学基本功培训结束了，培训者的任务是不是就算完成了？新任教师没有及时将培训学到的教学知识用来改善自己的教学行为怎么办？改善教学行为的实践中遇到问题后，培训部门该提供什么服务和支持？这些问题的解决都需要加强训后跟进式指导培训，这个环节做得扎实才能促进学员继续学习和深入思考，延续新任教师教学基本功培训后的实效，真正把提高新任教师教育教学能力落到实处。从 2017 年下半年开始，我们就聚焦教学实践能力开展了训后跟进式指导培训。

聚焦教学能力 创设学习成长共同体

——中学通用技术新任教师教学实践能力训后跟进式指导培训案例

北京市海淀区教师进修学校 张桂凤

一、培训基本情况描述

通用技术学科有别于其他学科具有一些特有的情况，如全区高中校通用技术学科教师每校平均不到 2 人，教研力量不足；近 3 年新增学科教师均是非师范专业毕业生，教学能力不强；学科教师在学校均承担竞赛、社团、俱乐部、创客等工作，对教学的重视不够。因此，通用技术学科教师在参加全区统一组织的新任教师培训后，课堂中的教育教学行为仍然如昨。

为了延续新任教师培训的效果，促进学员及时将培训时学到的教学知识用于改善教学行为，凸显业务培训部门的服务功能，2017 年下半年，我们聚焦教学实践能力，对 14 名学科新任教师开展了训后跟进式指导研修活动，共安排了 40 课时。

二、培训目标

（1）通过教学跟进式指导培训，帮助14名新任教师熟悉教学设计和教学实施的方法策略，进一步理解新课程理念、技术素养内涵以及在课堂的落实路径等，促进新任教师教学实践能力的提高。

（2）通过教学跟进式指导培训，促进指导14名新任教师的兼职教研员团队在教学方面进一步总结提炼，有能力为新任教师教学设计能力、实践能力提升提出建设性意见和针对性指导，促进兼职教研员团队的整体提升。

三、课程设计

我们按照《普通高中通用技术课程标准（2017年版）》倡导的"做中学""行中思"的理念精神开展相关活动。

（1）引领：培训有关教学设计的基本知识与技能。

（2）示范：骨干教师团队上示范课。

（3）实践：新任教师与指导教师团队共同备课，上汇报课，新任教师间相互观摩。

（4）总结：指导新任教师凝练实践成果。

具体课程内容见表1。

表1　中学通用技术新任教师培训后跟进指导培训内容

序号	培训时间	主讲人	培训内容	培训形式	课时	成果形式
1	2017年9月13日	北京教育学院卢强教授	基于学生心理发展的有效教学	专家讲座	4课时	摘录要点，上交听课笔记
2	2017年10月30日、11月15日	中国人民大学附属中学高茹；北京科学技术大学附属中学张霞	指导教师代表上示范课	课堂观摩	4课时	观察课堂，上交听课笔记；完善汇报课的教学设计

续表

序号	培训时间	主讲人	培训内容	培训形式	课时	成果形式
3	2017 年 10 月 17 日—12 月 7 日	14 名新任教师	备课、上课以及成果指导	共同研磨；现场指导；实践反思	28 课时	形成比较成熟的教学设计和教学实录
4	2017 年 12 月 13 日	《北京教研》杂志主编时雁	如何撰写教学实践论文	学员展示；专家指导	4 课时	实践论文

四、实施过程

第一阶段：准备培训

花絮一：筹备计划

> 基于问题解决，注重指导过程，突出指导实效。

1. 与教研员团队座谈，确定培训计划和培训目标

时间：2017 年 8 月 30 日。

参与人员：专职教研员 1 人，兼职教研员 6 人，见习教研员 6 人，共计 13 人。

代表发言摘录如下。

张桂凤：新任教师在起步阶段非常重要，他们拥有什么样的教育追求和学科素养，就有可能给予学生什么样的技术理解和学科认知。

吕振荣：技术课堂教学欠规范，新任教师在这方面的问题更为突出，需要给予指导。教研员要下校深入听课指导，从备课开始，打磨的过程对新任教师很重要。

沈其中：指导内容不能仅限于如何教，还需要帮助新任教师进一步理解通用技术学科素养、学科定位等。

丁立华：中心组团队也需要锻炼，教学相长。新任教师专业基础强，也督促我们不断进步。

　·············

2. 成果

（1）确定了新任教师教学实践能力训后跟进式指导培训计划的目标、重点、双导师制跟岗指导方式、成果形式。

（2）确定了指导教师团队的名单。

花絮二：确定计划

1. 与新任教师讨论计划，最终确定计划

时间：2017 年 9 月 6 日。

参与人员：近两年 18 位参与海淀区统一组织的通用技术学科新任教师培训的老师。

2. 成果

（1）解读了培训计划。

（2）确定了参与培训活动的 14 名新任教师名单（个别是兼职或已转岗）。

（3）新任教师选择了各自的指导教师（原则：跨校选择，双导师共同指导）。

第二阶段：落实培训

为了有效推进通用技术新任教师教学实践能力训后跟踪指导培训计划，我们提出了"三个维度，一个平台"的行动策略。其中，"三个维度"是指学习（x 轴）、实践（y 轴）、提升（z 轴）；"一个平台"是指推动培训计划的服务支持平台。（见图 1）

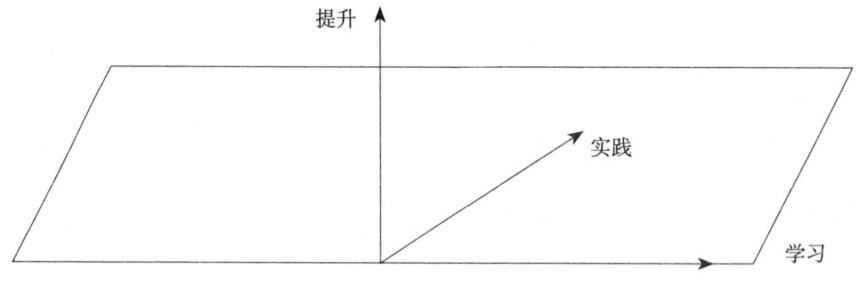

图 1 "三个维度，一个平台"行动策略

1. 维度一：学习（理论学习＋实践观摩）

主题 1：基于学生心理发展的有效教学。

拟解决的问题：从哪些方面能更好地分析学情？不同阶段学生的认知规律和心理特点是什么？

培训形式：专家讲座，讨论交流。

主讲人：北京教育学院卢强教授。

期望目标：为新任教师汇报课的教学设计做好前期的理论支撑。

概况：2017 年 9 月 13 日上午 8：30，新任教师们已安静就座，卢强教授用诙谐的语言介绍了不同阶段学生的心理特点，以及针对不同的学生特点，教师该如何有效地设计教学。3 个小时的讲座后，新任教师们带着收获满满的心情表达感受。

主题 2：落实技术素养的课堂实践。

拟解决的问题：如何设计和实施教学？在教学实践中如何处理突发性教学问题？课堂教学如何更好地组织？

培训形式：课堂观摩，讨论交流。

授课人：中国人民大学附属中学高茹 / 北京科技大学附属中学张霞。

期望目标：为新任教师拓展思路，提供落实技术素养的教学设计和实施方面的学习借鉴。

概况：2017 年 10 月 30 日和 11 月 15 日，分别在不同学校由不同导师进行了课堂示范。导师高茹聚焦设计方案的构思，导师张霞聚焦燕尾榫的制作，从通用技术学科的设计和制作两个主要方面给予了课堂实践展示，为新任教师在课堂上落实技术素养内涵的图样表达能力和物化能力提供了参照。

2. 维度二：实践

大致包括两个环节——

环节一：跨校互助，指导备课。

整合全区通用技术教研力量，跨校选择骨干教师作为导师，保证双导师一对一教学指导互助活动，从教学构思、目标确定、内容选择、教法建议到具体教案的撰写、共同备课。新任教师们也多次修改教学设计，不断打磨，借着教学实践能力训后跟进式指导培训活动，提高自身的教学设计能力。汇报课安排见表2。

表2 2017—2018 学年第一学期新任教师汇报课安排

序号	姓名	所在学校	听课时间	指导教师
1	石静静	清华大学附属中学将台路校区	10月17日周二第三、四节课 8:50—9:30 李晓燕 10:00—10:40 石静静	闫长青 张桂凤
2	李晓燕	清华大学附属中学将台路校区		
3	杨 强	清华大学附属中学奥森校区	10月17日周二第八节课 3:20—4:00	张桂凤 吕振荣
4	温天骁	中国人民大学附属中学	10月26日周四上午第二节 8:50—9:30	张 霞 吕振荣 张桂凤
5	温明男	中国人民大学附属中学	10月26日周四上午第四节 10:05—10:45	
6	纪朝宪	中国人民大学附属中学	10月26日周四上午第四节 10:55—11:35	
7	赵义莲	清华育才实验学校	10月31日周二第三节 9:30—10:10	丁立华 吕振荣
8	李守良	北京市中关村中学	11月14日周二第三节 10:05—10:45	沈其中 张桂凤
9	申大山	清华大学附属中学	11月22日周三下午第八、九节 15:40—17:10	胡小琳 张桂凤
10	谭洪政	清华大学附属中学		
11	田美圣	中国农业大学附属中学	11月23日周三第三节课 10:05—10:50	吕振荣 张桂凤
12	范 爽	北京市十一学校	11月29日周三下午第七节 2:25—3:10	高 茹 张桂凤

续表

序号	姓名	所在学校	听课时间	指导教师
13	王 璐	北京大学附属中学	12月7日上午第三节 9:45—11:20	张桂凤 吕振荣
14	陈清伟	北京大学附属中学	12月7日上午第三节 9:45—11:20	

环节二：深入课堂，有效评价。

在课堂教学实践环节，新任教师们有板有眼、各有特色，既展示了扎实的专业基础，又展示了良好的教学风貌。指导教师认真观察、深入思考，指导内容不仅局限于如何教，更指向是什么的内涵式追问，帮助新任教师进一步理解通用技术学科素养、学科定位等。指导教师在肯定新任教师做汇报课不容易的同时，也委婉指出了需要新任教师注意的地方和共同思考的问题。新任教师们谦虚好学，在接受指导教师的意见后再次修改完善，有的教师还会换个班又开始新的教学实践。

3. 维度三：反思提升

汇报课结束后，指导教师和新任教师自发地将各自的感受在群里进行交流互动，研讨地点从课上搬到了课下。

4. "一个平台"的运作

（1）学习平台的运作：把与活动主题相关的培训课程学习资料梳理出来，通过公共邮箱和海淀教师研修网开辟的学习平台进行组内学习。

（2）互动平台的运作：通过QQ、飞信、微信、电子邮件等方式进行各小组内教案修改、备课交流，并通过共同的微信群及时发布听课资料和实时发布听课信息。

第三阶段：总结培训

我们分三个层面帮助学员梳理实践成果：第一，邀请专家给予从教学实践到实践论文转化方法和策略的指导，如邀请《北京教研》杂志编辑时雁老师给新任教师的成果梳理提供指导；第二，作为项目设计和实施者的笔者给予具体学科实践论文的指导和提升，如我持续指导了清华附中申大山老师和石静静老师立足此次培训进行教学实践生成的论文《STEAM 理念在通用技术教学项目研发中的应用——以可乐钢琴教学项目研发为例》和《基于核心素养的创客 STEAM 教育模式初探——以避障机器人为例》；第三，推动学员发挥带动作用，通过自己的实践转化，带动更多教师的转变和进步，增强培训项目辐射效果，如邀请两位教师将教学实践转化成论文的过程进行了经验分享。

五、培训效果

（一）意识转变了

对于新任教师教学实践能力训后跟进式指导培训项目，参与的新任教师由起初的不情愿，觉得新任教师培训已经结束，还搞跟进式听课指导培训，是在检查他们，到后来主动邀请指导团队再次听课指导。意识上的转变是源于看到了参训中自身的成长和进步。

（二）教师成长了

很多新任教师为了此次教学实践能力训后跟进式指导培训研发了新的教学项目，如可乐钢琴教学项目（见图2）、避障机器人项目（见图3）等，也制作了相应教具，专业研发能力继续得以巩固，教学设计和实践能力在不断地打磨、修改、完善的过程中有了很大进步，实践成果转化能力也得到了锻炼。同时，指导教师通过该项目也成长了，吸取了新鲜的教学思路，丰富了原有的经验积累。

图2　可乐钢琴项目　　　　　　图3　避障机器人项目

（三）资源丰富了

经过培训，形成了一批优秀的教学案例和教学实录，进一步丰富了学科教学资源。这为教研活动做数据和切片分析提供了难得的教学素材。

我们的思考

1.培训设计要有连续性。要以师为本，从问题出发，系统设计架构培训内容，使培训环环相扣，持续发展，深入推进。

2.培训过程要有合作和互动。不管是双导师制指导听课制度，还是现场会诊的互动研讨式培训，抑或是各种方式的研讨交流，既要有合作也要有互动，使培训方向时时清晰，培训难点共同突破。

3.培训成果要立足教学实践需要。教学设计、教学实录、实践论文等培训成果，都是新任教师教育教学工作中避不开的，也是他们很重要的成长痕迹。使成果的显现回归学校、回归教学、回归成长，这样的培训成果才有生命力，才能够得到扎实有效的推进。

用转变回应目标，用成长延续效果。

你的思考

后 记

这本书的诞生经历了充分的孕育。

新任教师是教师队伍的生力军。海淀区历来非常重视新任教师培训工作。海淀教师进修学校师训部近八年来对新任教师培训工作精耕细作，扎实研究、务实实践，一步一个脚印走过来。在这个过程中，我们欣喜地看到一批批新任教师成长起来，成为教坛新秀，伴随着研究与实践，一项项成果也应运而生。海淀区的新任教师培训工作开始在业界小有名气，全国各地教师培训战线的同行纷纷来取经学习，许多地区将我们的模式复制使用后，在当地新任教师培训中产生了很好的效果。于是，同行们便激励我们将八年的研究与实践成果系统梳理，整理出版，以惠及更多的新任教师。

从 2017 年的暮秋到 2018 年的初夏，刚好经历了一个生命孕育的过程，海淀教师进修学校新任教师培训团队精诚合作、专业投入、辛勤付出，完成了《中小学新任教师培训指南》的撰写。申军红负责全书的内容章节规划、撰写工作统筹协调，王永祥和韩民扬负责全书编写的组织和统稿，王化英和迟淑玲对于第五章培训方案和实践案例的撰写发挥了重要的组织和协调作用。具体各章节撰写情况如下：

姓名	撰写内容
申军红	第二章　第三节　新任教师群体特征调研 第四章　第一节　培训效果评估概述
赵杰志	第三章　第四节（部分内容）海淀区 2017—2018 学年"教委主任第一课"乐章图 第四章　第三节　促进学以致用的机制与策略
刘　锌	第四章　第三节　促进学以致用的机制与策略 第五章　任务驱动的现场与线上结合的混合式培训——小学数学新任教师学科培训方案
韩民扬	第二章　第一节　教师培训需求分析概述 第四章　第二节　新任教师培训中柯氏模型的创造性实践与应用 第五章　以教材分析和学情探测为起点　提升学科教学基本功——小学科学新任教师学科培训方案
王永祥	第二章　第二节　基于行为导向的教师培训需求分析模型建构 第五章　指向教师专业发展的学习层评价设计与实践——中学英语新任教师基本功测评案例
王秀英	第二章　第四节　新任教师培训需求分析 第五章　系统调研　科学分析　精准提炼——海淀区中学生物新任教师培训需求分析与主题确定案例
崔莹莹	第四章　第二节　新任教师培训中柯氏模型的创造性实践与应用
郝国强	第一章　对新任教师培训的认识
李琳琳	第一章　对新任教师培训的认识 第五章　基于中学英语听说教学的基本功能力提升——初中英语新任教师学科培训方案
尹博远	第三章　第一节　培训课程设计与实施概述 第三章　第二节　培训课程设计与实施的六要素模型 第三章　第三节　新任教师培训课程设计与实施
张　晓	第三章　第四节　新任教师培训课程体系建构与实施
迟淑玲	第五章　多角度调研　精准设计方案　促进新任教师成长——中学语文新任教师学科培训方案

续表

姓名	撰写内容
李 静	第五章 立足规范 彰显个性——中学历史新任教师学科培训方案
陈文雯	第五章 基于学生音乐能力发展 提升新任教师教学能力——中学音乐新任教师学科培训方案
牛永生	第五章 任务驱动的现场与线上结合的混合式培训——小学数学新任教师学科培训方案
王化英	第五章 多方调研 精准定位需求——小学语文新任教师培训课程设计案例
杜 磊	第五章 教学与专业齐飞 助力新任教师启航——中学美术新任教师学科培训方案
樊 凯	第五章 运用焦点讨论法促进新任教师反思能力的提升——小学英语新任教师学科培训作业设计与实施案例
谢 娟	第五章 以学习者为中心，构建模块式培训课程——小学体育新任教师培训课程设计案例
田成良	第五章 聚焦主题 自主展示 实践跟进——中学物理新任教师实验专题培训实施案例
张桂凤	第五章 聚焦教学能力 创设学习成长共同体——中学通用技术新任教师教学实践能力训后跟进式指导培训案例

《中小学新任教师培训指南》是我们在中小学新任教师培训理论与实践领域系列研究的成果凝练[①]，也是实践工作经验的结晶和输出。基于从任务型培训到需求型培训转变的理念，我们开发了教师培训需求分析模型进行精准调研；开发了教师培训课程设计与实施的六要素模型，保证了教师培训的科学实施；建构了系统性、进阶性新任教师培训课程体系，实现对新任教师学

① 本著作为全国教育科学"十三五"规划 2016 年度教育部重点课题"基于核心素养发展的区域教研转型实践研究（课题编号：DHA160351）"的阶段性研究成果。

习的精准供给。

　　回首过往的八年和十个月，我们收获了太多的感动。感动于我们这个团队在教师培训专业化道路上的执着追求和不断探索，不仅在新任教师培训中，在其他各项培训中我们都努力实现着培训的专业化。感动于和我们并肩前行、可亲可敬的海淀教师进修学校的领导和同事们，罗滨校长等各位领导对新任教师培训工作以及本书撰写进行了悉心指导，在海淀进校这个大家庭中，我们体验着职业幸福和专业自信！在本书即将出版之际，我们真诚地感谢教育科学出版社刘灿主任和郑莉、闫景、万海刚等几位老师，在书稿撰写过程中给予了我们耐心细致的帮助！

　　本书只是我们输出"海淀教师培训经验"的初步尝试，未来，我们将一如既往，潜心做好专业的教师培训，努力为教师培训领域的同行分享更多更有价值的经验，共同推进新时代教师队伍建设。由于研究水平、实践能力的局限，本书还有待进一步完善，因此，我们真诚地希望全国各地的同仁和读者在用书过程中，将发现的问题以及意见、建议及时反馈给我们，帮助我们继续改进。

北京市海淀区教师进修学校师训部

2018 年 6 月 8 日

出版人　李　东

策划编辑　刘　灿　郑　莉

责任编辑　郑　莉　闫　景

版式设计　杨玲玲

责任校对　贾静芳

责任印制　叶小峰

图书在版编目（CIP）数据

中小学新任教师培训指南／申军红等著 .—北京：
教育科学出版社，2018.7（2019.4 重印）
（新时代教师培训丛书／罗滨主编）
ISBN 978-7-5191-1567-8

Ⅰ.①中…　Ⅱ.①申…　Ⅲ.①中小学—师资培养—指
南　Ⅳ.① G635.12—62

中国版本图书馆 CIP 数据核字（2018）第 136068 号

中小学新任教师培训指南

ZHONG-XIAOXUE XINREN JIAOSHI PEIXUN ZHINAN

出版发行	教育科学出版社				
社　　址	北京·朝阳区安慧北里安园甲 9 号	**市场部电话**	010-64989009		
邮　　编	100101	**编辑部电话**	010-64981357		
传　　真	010-64891796	**网　　址**	http://www.esph.com.cn		
经　　销	各地新华书店				
制　　作	宗沅书装				
印　　刷	保定市中画美凯印刷有限公司				
开　　本	720 毫米 × 1020 毫米　1/16	**版　　次**	2018 年 7 月第 1 版		
印　　张	16	**印　　次**	2019 年 4 月第 2 次印刷		
字　　数	197 千	**定　　价**	48.00 元		